DIANLI YINGXIAO
JINENG JINGSAI
YIBENTONG

电力营销技能竞赛一本通
客户服务

王 烨 编

中国电力出版社
CHINA ELECTRIC POWER PRESS

内 容 提 要

为了使电力营销人员快速掌握技能竞赛知识点，高效高质应对考试，编者依据国家电网公司历年技能竞赛实施方案，对其中涉及的法律法规、文件规程、企业文化进行全面梳理和归类，编撰完成了电力营销技能竞赛一本通丛书，分采集运维、客户服务、用电检查3个分册。

本书为客户服务分册，共6章。全书以法律规程为切入点，涵盖供电服务相关标准及规定、业扩管理及电价政策、客户服务案例分析、企业文化及供电服务规范，题库类型分为填空题、不定项选择题、判断题、简答题和案例分析题，读者可以根据自身需要进行学习。

本书可满足电力营销客户服务专业人员竞赛、调考需要，也可供电力营销专业人员技能培训参考使用。

图书在版编目（CIP）数据

电力营销技能竞赛一本通．客户服务 / 王烨编．—北京：中国电力出版社，2023.5

ISBN 978-7-5198-3506-4

Ⅰ．①电…　Ⅱ．①王…　Ⅲ．①电力工业－市场营销学－中国－习题集　Ⅳ．① F426.61-44

中国版本图书馆 CIP 数据核字（2019）第 173241 号

出版发行：中国电力出版社
地　　址：北京市东城区北京站西街 19 号（邮政编码 100005）
网　　址：http：//www.cepp.sgcc.com.cn
责任编辑：闫姣姣（010-63412433）
责任校对：黄　蓓　朱丽芳
装帧设计：赵姗姗
责任印制：石　雷

印　　刷：三河市百盛印装有限公司
版　　次：2023 年 5 月第一版
印　　次：2023 年 5 月北京第一次印刷
开　　本：787 毫米 ×1092 毫米　16 开本
印　　张：12
字　　数：277 千字
印　　数：0001—1500 册
定　　价：67.00 元

前言

为进一步激发电网营销人员学习业务的积极性，充分营造“尊重知识、尊重人才”的良好氛围，促进员工队伍素质不断提高，近年来，国家电网有限公司（简称国家电网公司）不断地开展营销各专业技能大比武。为了给电力营销人员学习专业技能知识提供一套很好的教材，编者依据国家电网公司历年技能竞赛实施方案中的竞赛内容和参考资料，按照模块化的方式，对电力法律法规、各专业技术规范、管理办法、政策文件，以及企业文化等内容进行全面梳理，编撰完成了电力营销技能竞赛一本通丛书。

本丛书按专业分为客户服务、采集运维和用电检查三个分册，各分册均以法律法规为切入点，涵盖电力法、供电营业规则、电力供应与使用条例等通用条例。每一分册中法律法规名称虽同，内容却根据各自专业方向各有侧重，各有不同。管理办法和细则是根据历年各专业竞赛内容，在对各专业重点内容全面梳理后编撰完成的。技术规范则紧扣各专业相关内容，例如采集运维分册包含了采集运维内容紧密联系的专变采集终端型式技术规范、集中抄表终端（集中器、采集器）故障处理标准化作业指导书、专变采集终端（非 230M）故障处理标准化作业指导书、集中抄表终端（集中器、采集器）装拆标准化作业指导书、低压电力线宽带载波通信互联互通技术规范、电力用户用电信息采集系统通信单元技术规范等 14 个规程规范；用电检查分册包含了和用电检查专业息息相关的电能计量装置技术管理规程、供配电系统设计规范、20kV 及以下变电所设计规范、低压配电设计规范、3 ~ 110kV 高压配电装置设计规范等 10 个规程规范。企业文化等公用内容，更是紧密结合各专业考核重点编撰而完成。

本丛书的题型分别由填空题、不定项选择题、判断题、简答题、案例分析题组成，在突出系统性、实用性、通俗性的同时，全书各部分联系紧密，各理论试题均配套有答案，可供读者自查使用。本丛书便于全国电网营销人员参加技能大赛集训、调考复习使用，也可作为电力营销专业人员岗位知识考试及技术比武的参考资料。

由于编者水平有限，书中难免存在疏漏之处，敬请读者批评指正。

编者

2023 年 5 月

目 录
Contents

第一章　法律法规

第一节　中华人民共和国电力法

一、填空题

1.《中华人民共和国电力法》第一章第三条规定，电力事业投资，实行__________、__________的原则。

答案：谁投资　　谁收益

2.《中华人民共和国电力法》第一章第七条规定，电力建设企业、电力生产企业、电网经营企业依法实行自主经营、自负盈亏，并接受__________部门的监督。

答案：电力管理

3.《中华人民共和国电力法》第三章第十九条规定，电力企业应当加强安全生产管理，坚持__________、预防为主的方针，建立、健全安全生产责任制度。

答案：安全第一

4.《中华人民共和国电力法》第三章第二十一条规定，电网运行实行__________、分级管理。任何单位和个人不得非法干预电网调度。

答案：统一调度

5.《中华人民共和国电力法》第四章第二十四条规定，国家对电力供应和使用，实行__________、节约用电、计划用电的管理原则。

答案：安全用电

6.《中华人民共和国电力法》第四章第二十九条规定，供电企业在正常情况下，应当连续向用户供电，不得中断。因供电设施检修依法限电或若用户违法用电等原因，需要中断供电时，供电企业应当按照国家有关规定__________用户。

答案：事先通知

7.《中华人民共和国电力法》第七章第五十三条规定，在依法划定电力设施保护区前已经种植的植物妨碍电力设施安全的，应当__________或者__________。

答案：修剪　　砍伐

8.《中华人民共和国电力法》第八章第五十六条规定，__________依法对电力企业和用户执行电力法律、行政法规的情况进行监督检查。

答案：电力管理部门

9.《中华人民共和国电力法》第八章第五十七条规定，电力监督检查人员应当公正廉洁，秉公执法，熟悉电力法律、法规，掌握有关__________。

答案：电力专业技术

10.《中华人民共和国电力法》第二章第十五条规定，输变电工程、调度通信自动化工程等电网配套工程和环境保护工程，应当与发电工程项目同时设计、同时建设、__________、同时投入使用。

答案：同时验收

11.《中华人民共和国电力法》第四章第二十七条规定，电力供应与使用双方应当根据平等自愿、协商一致的原则，按照国务院制定的电力供应与使用办法签订供用电合同，确定双方的__________和__________。

答案：权利　　义务

12.《中华人民共和国电力法》第四章第二十六条规定，供电企业应当在其营业场所公告用电的程序、制度和__________，并提供用户须知资料。

答案：收费标准

13.《中华人民共和国电力法》第四章第二十八条规定，供电企业应当保证供给用户的__________符合国家标准。

答案：供电质量

14.《中华人民共和国电力法》第五章第三十五条规定，本法所称电价，是指电力生产企业的__________、电网间的互供电价、电网销售电价。

答案：上网电价

15.《中华人民共和国电力法》第五章第三十五条规定，电价实行__________，统一定价原则，分级管理。

答案：统一政策

16.《中华人民共和国电力法》第一章第四条规定，电力设施受国家保护。禁止任何单位和个人危害电力设施安全或者__________、使用电能。

答案：非法侵占

17.《中华人民共和国电力法》第九章第五十九条规定，电力企业或者用户违反__________，给对方造成损失的，应当依法承担赔偿责任。

答案：供用电合同

二、不定项选择题

1.《中华人民共和国电力法》第五章第四十一条规定，国家实行分类电价和分时电价，分类标准和分时办法由（　　）确定。

A. 国家电网公司　　B. 国务院

C. 省级电力公司　　D. 物价行政主管部门

答案：B

2.《中华人民共和国电力法》第五章第三十八条规定，独立电网内的上网电价，由电力生产企业和电网经营企业协商提出方案，报有管理权的（　　）核准。

A. 能源局　　B. 国务院

C. 人民政府　　D. 物价行政主管部门

答案：D

3.《中华人民共和国电力法》第四章第三十一条规定，用户受电装置的设计、施工安装和运行管理，应当符合国家标准或者（　　）标准。

A. 电力行业　　B. 地方

C. 省级电力公司　　D. 电力企业

答案：A

4.《中华人民共和国电力法》第六章第四十九条规定，县级以上地方人民政府及其经济综合主管部门在安排用电指标时，应当保证农业和农村用电的适当比例，（　　）不在优先保证用电范围。

A. 农村排涝用电　　B. 农民生活用电

C. 抗旱用电　　D. 农业季节性生产用电

答案：B

5.《中华人民共和国电力法》第四章第二十九条规定，用户对供电企业中断供电有异议的，可以向（　　）投诉。

A. 供电企业　　B. 电力管理部门

C. 能源局　　D. 国务院

答案：B

6.《中华人民共和国电力法》第九章第六十一条规定，非法占用变电设施用地、输电线路走廊或者电缆通道的，由（　　）责令限期改正；逾期不改正的，强制清除障碍。

A. 县级以上地方人民政府　　B. 电力管理部门

C. 当地人民政府　　D. 供电企业

答案：A

7.《中华人民共和国电力法》第九章第六十四条规定，拒绝供电或者中断供电的，由（　　）责令改正，给予警告；情节严重的，对有关主管人员和直接责任人员给予行政处分。

A. 县级以上地方人民政府　　B. 电力管理部门

C. 当地人民政府　　D. 供电企业

答案：B

8.《中华人民共和国电力法》第九章第六十五条规定，危害供电、用电安全或者扰乱供电、用电秩序的，由（　　）责令改正，给予警告。

A. 县级以上地方人民政府　　B. 电力管理部门

C. 当地人民政府　　D. 供电企业

答案：B

9.《中华人民共和国电力法》第九章第六十六条规定，未按照国家核准的电价和用电计量装置的记录向用户计收电费、超越权限制定电价或者在电费中加收其他费用的，由（　　）给予警告，责令返还违法收取的费用，可以并处违法收取费用5倍以下的罚款。

A. 县级以上地方人民政府　　B. 电力管理部门

C. 当地人民政府　　D. 物价行政主管部门

答案：D

10.《中华人民共和国电力法》第九章第六十九条规定，在依法划定的电力设施保护区内修建建筑物、构筑物或者种植植物、堆放物品，危及电力设施安全的，由（　　）责令强制拆除、砍伐或者清除。

A. 县级以上地方人民政府　　B. 电力管理部门

C. 当地人民政府　　D. 供电企业

答案：C

11.《中华人民共和国电力法》第八章第五十八条规定，电力监督检查人员进行监督检查时，应当出示（　　）。

A. 身份证　　B. 委托书

C. 证件　　D. 工作证

答案：C

12.《中华人民共和国电力法》第三章第十八条规定，电力生产与电网运行应当遵循安全、（　　）、经济的原则。

A. 便利　　B. 优质

C. 有利　　D. 可靠

答案：B

13.《中华人民共和国电力法》第三章第十八条规定，电网运行应当（　　）、稳定，保证供电可靠性。

A. 平衡　　B. 高效

C. 绿色　　D. 连续

答案：D

14.《中华人民共和国电力法》第三章第十九条规定，电力企业应当加强安全生产管理，建立、健全安全生产（　　）制度。

A. 承包　　B. 责任

C. 奖励　　D. 惩罚

答案：B

15.《中华人民共和国电力法》第三章第二十一条规定，任何单位和个人不得（　　）干预电网调度。

A. 私自　　B. 变相

C. 非法　　D. 擅自

答案：C

16.《中华人民共和国电力法》第八章第五十八条规定，电力企业和用户对执行监督检查任务的电力监督检查人员应当提供（　　）。

A. 交通工具　　B. 方便

C. 报酬　　D. 奖励

答案：B

17.《中华人民共和国电力法》第四章第三十二条规定，用户用电不得（　　）供电、用电安全和扰乱供电、用电秩序。

A. 干预　　B. 危害
C. 保证　　D. 提供
答案：B

18. 《中华人民共和国电力法》第四章第三十二条规定，对危害供电、用电安全和扰乱供电用电秩序的，供电企业有权（　　）。
A. 制止　　B. 索赔
C. 停电　　D. 举报
答案：A

19. 《中华人民共和国电力法》第七章第五十二条规定，在电力设施周围进行爆破及其他可能危及电力设施安全的作业，应当按照国务院有关电力设施保护的规定，经（　　）并采取确保电力设施安全的措施后，方可进行作业。
A. 可行性研究　　B. 批准
C. 协商同意　　D. 缴纳保证金
答案：B

20. 《中华人民共和国电力法》第七章第五十三条规定，电力管理部门应当按照国务院有关电力设施保护的规定，对电力设施保护区设立（　　）。
A. 标志　　B. 围栏
C. 专门机构　　D. 检查站
答案：A

21. 《中华人民共和国电力法》第七章第五十三条规定，任何单位和个人不得在依法划定的电力设施保护区内修建可能危及（　　）设施安全的建筑物、构筑物。
A. 水利　　B. 电力
C. 交通　　D. 公共
答案：B

22. 《中华人民共和国电力法》第七章第五十三条规定，任何单位和个人不得在依法划定的电力设施保护区内（　　）可能危及电力设施安全的物品。
A. 悬挂　　B. 晾晒
C. 展示　　D. 堆放
答案：D

23. 《中华人民共和国电力法》第七章第五十四条规定，任何单位和个人需要在依法划定的电力设施保护区内进行可能危及电力设施安全的作业时，应当经（　　）批准并采取安全措施后，方可进行作业。
A. 公安部门　　B. 当地政府
C. 电力管理部门　　D. 电监会
答案：C

24. 《中华人民共和国电力法》第七章第五十五条规定，电力设施与公用工程、绿化工程和其他工程在新建、改建或者扩建中相互妨碍时，有关单位应当按照（　　）协商，达成协议后方可施工。

A. 国家有关规定　　B. 互相礼让精神
C. 当地习惯　　D. 互利共赢原则
答案：A

25.《中华人民共和国电力法》第八章第五十七条规定，电力管理部门根据工作需要，（　　）配备电力监督检查人员。
A. 必须　　B. 应当
C. 可以　　D. 不得
答案：C

26.《中华人民共和国电力法》第一章第二条规定，《中华人民共和国电力法》适用于中华人民共和国境内的电力（　　）活动。
A. 建设　　B. 生产
C. 使用和维护　　D. 供应和使用
答案：ABD

27.《中华人民共和国电力法》第二章第十条规定，电力发展规划，应当体现（　　）的原则。
A. 合理利用能源　　B. 电源与电网配套发展
C. 提高经济效益　　D. 有利于环境保护
答案：ABCD

28.《中华人民共和国电力法》第九章第六十条规定，（　　）原因造成用户损失的，电力企业可不承担赔偿责任。
A. 不可抗力　　B. 第三人的过错
C. 用户自身过错　　D. 供电企业维护不到位
答案：ABC

29.《中华人民共和国电力法》第一章第八条规定，国家帮助和扶持（　　）发展电力事业。
A. 少数民族地区　　B. 特殊地区
C. 边远地区　　D. 贫困地区
答案：ACD

30.《中华人民共和国电力法》第七章第五十二条规定，任何单位和个人不得危害（　　）。
A. 发电设施　　B. 变电设施
C. 电力线路设施　　D. 有关辅助设施
答案：ABCD

31.《中华人民共和国电力法》第五章第四十一条规定，对同一电网内的（　　）的用户，执行相同的电价标准。
A. 同一电压等级　　B. 同一用电类别
C. 同一生产特性　　D. 同一用电需求
答案：AB

32. 《中华人民共和国电力法》第六章第四十八条规定，国家鼓励和支持农村（　　）能源进行农村电源建设，增加农村电力供应。

A. 太阳能　　B. 风能

C. 地热能　　D. 生物质能

答案：ABCD

33. 《中华人民共和国电力法》第五章第三十九条规定，由国务院物价行政主管部门核准的互供电价范围为（　　）。

A. 跨省、自治区、直辖市电网和独立电网之间

B. 省级电网和独立电网之间的互供电价

C. 独立电网与独立电网之间的互供电价

D. 省级电网和省级电网之间

答案：AB

34. 《中华人民共和国电力法》第二章第十六条规定，电力建设项目依法征收土地的，应当依法支付（　　），做好迁移居民的安置工作。

A. 土地补偿费　　B. 青苗赔偿费

C. 安置补偿费　　D. 生活补助费

答案：AC

35. 《中华人民共和国电力法》第三章第十九条规定，电力企业应当加强安全生产管理，坚持（　　）的方针，建立、健全安全生产责任制度。

A. 安全第一　　B. 综合治理

C. 预防为主　　D. 以人为本

答案：AC

36. 《中华人民共和国电力法》第三章第十九条规定，电力企业应当对电力设施定期进行（　　），保证其正常运行。

A. 检修　　B. 维护

C. 试验　　D. 检查

答案：AB

37. 《中华人民共和国电力法》第三章第二十二条规定，并网运行必须符合（　　）。

A. 国家标准　　B. 电力行业标准

C. 管理标准　　D. 技术标准

答案：AB

38. 《中华人民共和国电力法》第五章第三十六条规定，制定电价，应当（　　），促进电力建设。

A. 合理补偿成本　　B. 合理确定收益

C. 依法计入税金　　D. 坚持公平负担

答案：ABCD

39. 《中华人民共和国电力法》第五章第四十四条规定，禁止任何单位和个人在电费中加收其他费用；但是，（　　）另有规定的，按照规定执行。

A. 行政法规　　B. 地方政府规定
C. 规章制度　　D. 法律
答案：AD
40.《中华人民共和国电力法》第四章第二十八条规定，用户对供电质量有特殊要求的，供电企业应当根据（　　），提供相应的电力。
A. 其必要性　　B. 其重要性
C. 电网的可能　　D. 供电的可能性
答案：AC
41.《中华人民共和国电力法》第一章第一条规定，制定本法的目的是保障和促进电力事业的发展，维护电力（　　）的合法权益，保障电力安全运行。
A. 投资者　　B. 建设者
C. 使用者　　D. 经营者
答案：ACD
42.《中华人民共和国电力法》第一章第四条规定，禁止任何单位和个人危害电力设施安全或者（　　）电能。
A. 非法侵占　　B. 大量消费
C. 充分利用　　D. 非法使用
答案：AD
43.《中华人民共和国电力法》第一章第七条规定，电力建设、生产、电网经营企业依法实行（　　），并接受电力管理部门的监督。
A. 承包管理　　B. 自负盈亏
C. 自主经营　　D. 行业管理
答案：BC
44.《中华人民共和国电力法》第九章第七十条规定，扰乱电力生产企业、（　　）的秩序，致使电力生产、工作和营业不能正常进行，构成犯罪的，依法追究刑事责任。
A. 公共场所　　B. 变电站
C. 电力调度机构　　D. 供电企业
答案：BCD
45.《中华人民共和国电力法》第九章第七十三条规定，电力管理部门的工作人员（　　），构成犯罪的，依法追究刑事责任。
A. 滥用职权　　B. 玩忽职守
C. 无所作为　　D. 徇私舞弊
答案：ABD
46.《中华人民共和国电力法》第九章第七十条规定，有下列（　　）行为之一，应当给予治安管理处罚的，由公安机关依照治安管理处罚条例的有关规定给予处罚；构成犯罪的，依法追究刑事责任。
A. 窃电
B. 违约用电

C. 殴打、公然侮辱履行职务的查电人员或者抄表收费人员的

D. 拒绝、阻碍电力监督检查人员依法执行职务的

答案：CD

三、判断题

1.《中华人民共和国电力法》第五章第四十四条规定，地方集资办电在电费中加收费用的，由地方人民政府依照国务院有关规定制定办法。(　　)

答案：×

2.《中华人民共和国电力法》第一章第五条规定，国家鼓励和支持利用可再生能源和清洁能源发电。(　　)

答案：√

3.《中华人民共和国电力法》第一章第五条规定，电力建设、生产、供应和使用应当依法保护环境，采用新技术，减少有害物质排放，防治污染和其他公害。(　　)

答案：√

4.《中华人民共和国电力法》第一章第六条规定，县级以上地方人民政府经济综合主管部门是本行政区域内的政府部门，负责电力事业的监督管理。(　　)

答案：×

5.《中华人民共和国电力法》第一章第七条规定，电力建设企业、电力生产企业、电网经营企业依法实行自主经营、自负盈亏，并接受政府部门的监督。(　　)

答案：×

6.《中华人民共和国电力法》第一章第八条规定，国家帮助和扶持少数民族地区、边远地区和贫困地区发展电力事业。(　　)

答案：√

7.《中华人民共和国电力法》第一章第九条规定，国家鼓励在电力建设、生产、供应和使用过程中，采用先进的科学技术和管理方法，对在研究、开发、采用先进的科学技术和管理方法等方面作出显著成绩的单位和个人给予奖励。(　　)

答案：√

8.《中华人民共和国电力法》第二章第十二条规定，地方人民政府应当根据电力发展规划，因地制宜，采取多种措施开发电源，发展电力建设。(　　)

答案：√

9.《中华人民共和国电力法》第二章第十三条规定，电力投资者对其投资形成的电力，享有法定权益。并网运行的，电力投资者有优先使用权；并网的自备电厂，电力投资者自行支配使用。(　　)

答案：×

10.《中华人民共和国电力法》第二章第十六条规定，电力建设项目使用土地，应当依照有关法律、行政法规的规定办理；依法征收土地的，应当依法支付土地补偿费和安置补偿费，做好迁移居民的安置工作。(　　)

答案：√

11.《中华人民共和国电力法》第二章第十七条规定，地方人民政府应当支持电力企业为发电工程建设勘探水源和依法取水、用水。电力企业应当节约用水。(　　)

答案：√

12.《中华人民共和国电力法》第二章第十六条规定，电力建设应当贯彻切实保护耕地、节约利用土地的原则。(　　)

答案：√

13.《中华人民共和国电力法》第三章第二十二条规定，国家提倡电力生产企业与电网、电网与电网并网运行。(　　)

答案：√

14.《中华人民共和国电力法》第三章第二十二条规定，并网双方应当按照统一调度、分级管理和平等互利、协商一致的原则，签订并网协议，确定双方的权利和义务；并网双方达不成协议的，由电力管理部门协调决定。(　　)

答案：×

15.《中华人民共和国电力法》第四章第二十六条规定，供电营业区内的供电营业机构，对本营业区内的用户有按照国家规定供电的义务；不得违反国家规定对其营业区内申请用电的单位和个人拒绝供电。(　　)

答案：√

16.《中华人民共和国电力法》第四章第二十九条规定，不论任何供电原因，需要中断供电时，供电企业应当按照国家有关规定事先通知用户。(　　)

答案：×

四、简答题

1.《中华人民共和国电力法》第九章第六十条规定，电力运行事故由哪些原因造成的，电力企业不承担赔偿责任？

答案：电力运行事故由下列原因之一造成的，电力企业不承担赔偿责任。

（1）不可抗力。

（2）用户自身的过错。因用户或者第三人的过错给电力企业或者其他用户造成损害的，该用户或者第三人应当依法承担赔偿责任。

2.《中华人民共和国电力法》第九章第六十九条规定，在依法划定的电力设施保护区内修建建筑物、构筑物或者种植植物、堆放物品，危及电力设施安全的应怎样处理？

答案：在依法划定的电力设施保护区内修建建筑物、构筑物或者种植植物、堆放物品，危及电力设施安全的，由当地人民政府责令强制拆除、砍伐或者清除。

第二节　电力供应与使用条例

一、填空题

1.《电力供应与使用条例》自__________起施行。

答案：1996 年 9 月 1 日

2.《电力供应与使用条例》第一章第四条规定，__________依法负责本供区内的电力供应与使用的业务工作，并接受电力管理部门的监督。

答案：电网经营企业

3.《电力供应与使用条例》第一章第六条规定，供电企业和用户应当根据__________、协商一致的原则签订供用电合同。

答案：平等自愿

4.《电力供应与使用条例》第二章第十条规定，并网运行的电力生产企业按照并网协议运行后，送入电网的电力、电量由__________统一经销。

答案：供电营业机构

5.《电力供应与使用条例》第二章第十一条规定，用户用电容量超过其所在的供电营业区内供电企业供电能力的，由__________指定的其他供电企业供电。

答案：省级以上电力管理部门

6.《电力供应与使用条例》第三章第十五条规定，供电设施、受电设施的设计、施工、试验和运行，应当符合国家标准或者__________标准。

答案：电力行业

7.《电力供应与使用条例》第三章第十七条规定，公用供电设施建成投产后，由__________统一维护管理。

答案：供电单位

8.《电力供应与使用条例》第三章第十八条规定，因建设需要，必须对已建成的供电设施进行迁移、改造或者采取防护措施时，建设单位应当事先与该供电设施管理单位协商，所需工程费用由__________负担。

答案：建设单位

9.《电力供应与使用条例》第四章第二十六条规定，用电计量装置，应当安装在供电设施与受电设施的__________。

答案：产权分界处

10.《电力供应与使用条例》第四章第二十六条规定，安装在用户外的用电计量装置，由__________负责保护。

答案：用户

11.《电力供应与使用条例》第四章第二十八条规定，因供电设施计划检修需要停电时，供电企业应当提前__________天通知用户或者进行公告。

答案：7

12.《电力供应与使用条例》第四章第二十八条规定，因供电设施临时检修需要停止供电时，供电企业应当提前__________ h 通知重要用户。

答案：24

13.《电力供应与使用条例》第七章第三十七条规定，在用户受送电装置上作业的电工，必须经电力管理部门考核合格，取得电力管理部门颁发的__________，方可上岗作业。

答案：电工进网作业许可证

14.《电力供应与使用条例》第八章第三十九条规定，逾期未交付电费的，供电企业可以从逾期之日起，每日按照电费总额的＿＿＿＿＿加收违约金，具体比例由供用电双方在供用电合同中约定。

答案：1‰～3‰

15.《电力供应与使用条例》第八章第三十九条规定，逾期未交付电费的，自逾期之日起计算超过＿＿＿＿＿日，经催交仍未交付电费的，供电企业可以按照国家规定的程序停止供电。

答案：30

二、不定项选择题

1.《电力供应与使用条例》第八章第四十一条规定，盗窃电能的，由电力管理部门责令停止违法行为，追缴电费并处应缴电费（　　）倍以下罚款。构成犯罪的，依法追究刑事责任。

A. 3　　B. 4

C. 5　　D. 6

答案：C

2.《电力供应与使用条例》第六章第三十五条规定，供用电合同的（　　）或者解除，应当依照有关法律、行政法规和《电力供应与使用条例》的规定办理。

A. 终止　　B. 改变

C. 变更　　D. 暂停

答案：C

3.《电力供应与使用条例》第八章第三十八条规定，擅自伸入或者跨越供电营业区供电的，由电力管理部门责令改正，没收违法所得，可以并处违法所得（　　）倍以下的罚款。

A. 1　　B. 3

C. 5　　D. 8

答案：C

4.《电力供应与使用条例》第四章第二十条规定，在公用供电设施未到达的地区，（　　）可以委托有供电能力的单位就近供电。

A. 供电企业　　B. 县级以上电力管理部门

C. 电力用户　　D. 省级物价管理部门

答案：A

5.《电力供应与使用条例》第一章第三条规定，国务院（　　）负责全国电力供应与使用的监督管理工作。

A. 电力管理部门　　B. 电监会

C. 监审部　　D. 督察部

答案：A

6.《电力供应与使用条例》第一章第七条规定，电力管理部门应当加强对（ ）的监督管理，禁止危害供用电安全和非法侵占电能的行为。

A. 电力供应　　B. 电力使用

C. 供用电　　D. 电力建设

答案：C

7.《电力供应与使用条例》第四章第二十一条规定，抗旱用电应付的电费应当由（ ）交付电费。

A. 地方人民政府　　B. 用户

C. 供电企业　　D. 国家

答案：B

8.《电力供应与使用条例》第一章第一条规定，本条例制定的目的是加强电力供应与使用的管理，保障供电、用电双方的合法权益，维护供电、用电秩序，（ ）、合理地供电和用电。

A. 安全　　B. 方便

C. 经济　　D. 优质

答案：AC

9.《电力供应与使用条例》第五章第三十一条规定，以下（ ）行为属于窃电行为。

A. 在供电企业的供电设施上，擅自接线用电

B. 绕越供电企业的用电计量装置用电

C. 伪造或者开启法定的或者授权的计量检定机构加封的用电计量装置封印用电

D. 故意使供电企业的用电计量装置计量不准或者失效

答案：ABCD

10.《电力供应与使用条例》第五章第三十条规定，以下（ ）行为属于危害供电、用电安全，扰乱正常供电、用电秩序的行为。

A. 未经供电企业许可，擅自引入、供出电源或者将自备电源擅自并网

B. 擅自改变用电类别

C. 擅自超过合同约定的容量用电

D. 擅自超过计划分配的用电指标的

答案：ABCD

11.《电力供应与使用条例》第四章第二十条规定，供电方式应当按照（ ）和便于管理的原则，由电力供应与使用双方协商确定。

A. 安全　　B. 可靠

C. 经济　　D. 合理

答案：ABCD

12.《电力供应与使用条例》第四章第二十三条规定，（ ），均应当到当地供电企业办理手续，并按照国家有关规定交付费用。

A. 申请新装用电　　B. 临时用电

C. 增加用电容量　　D. 变更用电和终止用电

答案：ABCD

13.《电力供应与使用条例》第二章第十四条规定，公用路灯由乡、民族乡、镇人民政府或者县级以上地方人民政府有关部门负责建设，并负责运行维护和交付电费，也可以委托供电企业代为（　　）。

A. 有偿设计　　B. 有偿施工

C. 有偿维护管理　　D. 无偿服务

答案：ABC

14.《电力供应与使用条例》第八章第四十四条规定，供电企业职工发生下列（　　）情况，需要依法给予行政处分；构成犯罪的，依法追究刑事责任。

A. 违反规章制度造成供电事故的　　B. 滥用职权

C. 利用职务之便谋取私利　　D. 违反劳动纪律

答案：ABC

15.《电力供应与使用条例》第四章第二十八条规定，在发电、供电系统正常运行的情况下，供电企业应当连续向用户供电；因故需要停止供电时，应当按照下列（　　）要求事先通知用户或者进行公告。

A. 因供电设施计划检修需要停电时，供电企业应当提前 7 个工作日通知用户或者进行公告

B. 因供电设施临时检修需要停止供电时，供电企业应当提前 24h 通知重要用户

C. 因发电、供电系统发生故障需要停电、限电时，供电企业应当按照事先确定的限电序位进行停电或者限电

D. 引起停电或者限电的原因消除后，供电企业应当尽快恢复供电

答案：BCD

16.《电力供应与使用条例》第四章第十九条规定，用户受电端的供电质量应当符合（　　）。

A. 国家标准　　B. 电力行业标准

C. 用户要求　　D. 通用标准

答案：AB

17.《电力供应与使用条例》第八章第三十八条规定，以下（　　）行为由电力管理部门责令改正，没收违法所得，可以并处违法所得 5 倍以下的罚款。

A. 擅自向外转供电的

B. 擅自伸入或者跨越供电营业区供电的

C. 擅自引入电源

D. 未按照规定取得《供电营业许可证》，从事电力供应业务的

答案：ABD

18.《电力供应与使用条例》第四章第二十条规定，供电方式由电力供应与使用双方根据（　　）因素协商确定。

A. 国家有关规定　　B. 电网规划

C. 用电需求　　D. 当地供电条件

答案：ABCD

19.《电力供应与使用条例》第一章第六条规定，供电企业和用户签订供用电合同的原则是（　　）。

A. 平等自愿　　B. 协商一致

C. 平等互利　　D. 诚实信用

答案：AB

20.《电力供应与使用条例》第一章第七条规定，电力管理部门应当加强对供用电的监督管理，协调供用电各方关系，禁止危害（　　）的行为。

A. 供用电安全　　B. 破坏计量装置

C. 非法侵占电能　　D. 危害公共安全

答案：AC

21.《电力供应与使用条例》第三章第十七条规定，公用供电设施建成投产后，由供电单位统一维护管理。经电力管理部门批准，供电企业可以（　　）该供电设施。

A. 使用　　B. 改造

C. 扩建　　D. 变卖

答案：ABC

22.《电力供应与使用条例》第五章第二十九条规定，供电企业和用户应当制订节约用电计划，推广和采用节约用电的（　　），降低电能消耗。

A. 新技术　　B. 新材料

C. 新工艺　　D. 新设备

答案：ABCD

23.《电力供应与使用条例》第六章第三十四条规定，供电企业应当按照合同约定的（　　），合理调度和安全供电。

A. 数量　　B. 质量

C. 时间　　D. 方式

答案：ABCD

24.《电力供应与使用条例》第六章第三十四条规定，用户应当按照合同约定的（　　）用电，交付电费和国家规定的其他费用。

A. 数量　　B. 条件

C. 时间　　D. 方式

答案：AB

25.《电力供应与使用条例》第二章第十条规定，并网运行的电力生产企业按照并网协议运行后，送入电网的（　　）由供电营业机构统一经销。

A. 电力　　B. 电量

C. 电能　　D. 负荷

答案：AB

26.《电力供应与使用条例》第三章第十三条规定，地方各级人民政府应当按照城市建设和乡村建设的总体规划统筹安排（　　）。

A. 城乡供电线路走廊　　B. 电缆通道

C. 区域变电站　　D. 区域配电所

答案：ABCD

27.《电力供应与使用条例》第三章第十三条规定，供电企业可以按照国家有关规定在规划的线路走廊、电缆通道、区域变电站、区域配电所和营业网点的用地上，(　　)。

A. 架线　　B. 敷设电缆

C. 建设公用供电设施　　D. 建设受电设施

答案：ABC

28.《电力供应与使用条例》第三章第十二条规定，供电企业应当按照城乡电网建设和改造的规划做好（　　）管理工作。

A. 供电设施建设　　B. 受电设施建设

C. 供电设施运行　　D. 受电设施运行

答案：AC

三、判断题

1.《电力供应与使用条例》第六章第三十二条规定，供电企业和用户应当在供电前根据供电需求和供电企业的供电能力签订供用电合同。(　　)

答案：×

2.《电力供应与使用条例》第三章第十七条规定，共用供电设施的维护管理，由产权单位协商确定，产权单位可自行维护管理，也可以委托供电企业维护管理。(　　)

答案：√

3.《电力供应与使用条例》第七章第三十七条规定，在用户受送电装置上作业的电工，必须经电力管理部门考核合格，方可上岗作业。(　　)

答案：×

4.《电力供应与使用条例》第六章第三十四条规定，供电企业应当按照合同约定的数量、质量、时间、方式，合理调度和安全供电。(　　)

答案：√

5.《电力供应与使用条例》第八章第四十二条规定，供电企业或者用户违反供用电合同，给对方造成损失的，按照规定，由电力管理部门负责调解。(　　)

答案：×

6.《电力供应与使用条例》第四章第二十八条规定，在发电、供电系统正常运行的情况下，供电企业应当连续向用户供电。因发电、供电系统发生故障需要停电、限电时，供电企业应当按照故障实际情况进行停电或者限电。(　　)

答案：×

7.《电力供应与使用条例》第三章第十二条规定，县级以上各级人民政府应当将城乡电网的建设与改造规划，纳入城市建设和乡村建设的总体规划。(　　)

答案：√

8.《电力供应与使用条例》第三章第十六条规定，供电企业因作业对建筑物或者农

作物造成损坏的，应当根据实际情况给予赔偿。(　　)

答案：×

9.《电力供应与使用条例》第四章第二十条规定，在公用供电设施未到达的地区，供电企业可以委托有供电能力的单位就近供电，其他任何单位有权利和义务进行供电。(　　)

答案：×

10.《电力供应与使用条例》第五章第三十条规定，电力用户要引入、供出电源或者将自备电源并网，需经供电企业许可。(　　)

答案：√

11.《电力供应与使用条例》第八章第四十三条规定，因电力运行事故、用户自身或第三人的过错给企业或个人造成损害的，均由供电企业依法承担赔偿责任。(　　)

答案：×

12.《电力供应与使用条例》第三章第十四条规定，公用路灯由供电企业负责建设，并负责运行维护和交付电费。(　　)

答案：×

13.《电力供应与使用条例》第三章第十三条规定，地方各级人民政府应当按照城市建设和乡村建设的总体规划统筹安排城乡供电线路走廊、电缆通道、区域变电站、区域配电站和营业网点的用地。(　　)

答案：√

14.《电力供应与使用条例》第三章第十七条规定，公用供电设施的维护管理，由产权单位协商确定，产权单位可自行维护管理，也可以委托供电企业维护管理。(　　)

答案：×

15.《电力供应与使用条例》第四章第二十条规定，在公用供电设施未到达的地区，供电企业可以委托有供电能力的单位就近供电。非经供电企业委托，任何单位不得擅自向外供电。(　　)

答案：√

16.《电力供应与使用条例》第四章第二十八条规定，因发电、供电系统发生故障需要停电、限电时，供电企业应当按照事先确定的限电序位进行停电或者限电。(　　)

答案：√

四、简答题

《电力供应与使用条例》第六章三十三条规定，供用电合同应当具备哪些条款？

答案：供用电合同应当具备以下条款：

（1）供电方式、供电质量和供电时间；

（2）用电容量和用电地址、用电性质；

（3）计量方式和电价、电费结算方式；

（4）供用电设施维护责任的划分；

（5）合同的有效期限；

（6）违约责任；

（7）双方共同认为应当约定的其他条款。

第三节　供电营业规则

一、填空题

1.《供电营业规则》第一章第三条规定，供电企业和用户应当遵守国家有关规定，服从电网＿＿＿＿＿，严格按指标供电和使用。

答案：统一调度

2.《供电营业规则》第二章第五条规定，供电企业供电的额定频率为＿＿＿＿＿ Hz。

答案：交流 50

3.《供电营业规则》第二章第六条规定，供电企业低压供电的额定电压：单相为＿＿＿＿＿ V，三相为 380V。

答案：220

4.《供电营业规则》第二章第八条规定，用户单相用电设备总容量不足＿＿＿＿＿ kW 的可采用低压 220V 供电。

答案：10

5.《供电营业规则》第二章第九条规定，用户用电设备容量在 100kW 及以下或需用变压器容量在 50kVA 及以下者，可采用＿＿＿＿＿供电，特殊情况也可采用高压供电。

答案：低压三相四线制

6.《供电营业规则》第二章第十一条规定，用户重要负荷的保安电源，可由供电企业提供，也可由＿＿＿＿＿。

答案：用户自备

7.《供电营业规则》第二章第十二条规定，对基建工地、＿＿＿＿＿、市政建设等非永久性用电，可供给临时电源。

答案：农田水利

8.《供电营业规则》第二章第十二条规定，临时用电期限除经供电企业准许外，一般不得超过＿＿＿＿＿个月，逾期不办理延期或永久性正式用电手续的，供电企业应终止供电。

答案：6

9.《供电营业规则》第二章第十二条规定，临时用电如需改为正式用电，应按＿＿＿＿＿办理。

答案：新装用电

10.《供电营业规则》第二章第十二条规定，因抢险救灾需要紧急用电时，架设临时电源所需的工程费用和应付的电费，由地方人民政府有关部门负责从＿＿＿＿＿经费中拨付。

答案：救灾

11. 《供电营业规则》第三章第二十一条规定，高压供电方案的有效期为__________，逾期注销。

答案：1 年

12. 《供电营业规则》第三章第二十一条规定，低压供电方案的有效期为__________，逾期注销。

答案：3 个月

13. 《供电营业规则》第三章第二十一条规定，用户遇有特殊情况，需延长供电方案有效期的，应在有效期到期前__________天向供电企业提出申请，供电企业应视情况予以办理延长手续。

答案：10

14. 《供电营业规则》第三章第二十三条规定，用户减容，须在__________天前向供电企业提出申请。

答案：5

15. 《供电营业规则》第三章第二十三条规定，减少用电容量的期限，应根据用户所提出的申请确定，但最短期限不得少于 6 个月，最长期限不得超过__________。

答案：2 年

16. 《供电营业规则》第三章第二十三条规定，超过减容期限要求恢复用电时，应按__________手续办理。

答案：新装或增容

17. 《供电营业规则》第三章第二十三条规定，在减容期限内要求恢复用电时，应在 5 天前向供电企业办理恢复用电手续，基本电费从__________起计收。

答案：启封之日

18. 《供电营业规则》第三章第二十三条规定，减容期满后的用户及新装、增容用户，__________年内不得申办减容或暂停。

答案：2

19. 《供电营业规则》第三章第二十六条规定，用户迁址，原址按终止用电办理，供电企业予以__________，新址用电优先受理。

答案：销户

20. 《供电营业规则》第三章第二十六条规定，用户迁址，迁移后的新址不在原供电点供电的，新址用电按__________办理。

答案：新装用电

21. 《供电营业规则》第三章第二十六条规定，用户迁址，新址用电引起的工程费用由__________负担。

答案：用户

22. 《供电营业规则》第三章第二十六条规定，用户迁址，迁移后的新址仍在原供电点，但新址用电容量超过原址用电容量的，超过部分按__________办理。

答案：增容

23.《供电营业规则》第三章第二十八条规定，用户办理暂拆手续后，供电企业应在__________天内执行暂拆。

答案：5

24.《供电营业规则》第三章第二十九条规定，不申请办理过户手续而私自过户者，__________应承担原用户所负债务。

答案：新用户

25.《供电营业规则》第三章第二十九条规定，经供电企业检查发现用户私自过户时，供电企业应通知该户补办手续，必要时可__________。

答案：终止供电

26.《供电营业规则》第三章第三十三条规定，用户连续__________个月不用电，也不申请办理暂停用电手续者，供电企业须以销户终止其用电。

答案：6

27.《供电营业规则》第四章第五十条规定，因建设引起建筑物、构筑物与供电设施相互妨碍，需要迁移供电设施或采取防护措施时，应按__________的原则，确定其担负的责任。

答案：建设先后

28.《供电营业规则》第五章第五十三条规定，在电力系统正常状况下，电网装机容量在300万kW及以上的，供电频率的允许偏差为__________ Hz。

答案：±0.2

29.《供电营业规则》第五章第五十三条规定，在电力系统正常状况下，电网装机容量在300万kW以下的，供电频率的允许偏差为__________ Hz。

答案：±0.5

30.《供电营业规则》第五章第五十三条规定，在电力系统非正常状况下，供电频率允许偏差不应超过__________ Hz。

答案：±1.0

31.《供电营业规则》第五章第五十四条规定，在电力系统正常状况下，35kV及以上电压供电的，供电企业供到用户受电端的供电电压正、负偏差的绝对值之和不超过额定值的__________。

答案：10%

32.《供电营业规则》第五章第五十四条规定，在电力系统正常状况下，10kV及以下三相供电的，供电企业供到用户受电端的供电电压允许偏差为额定值的__________。

答案：±7%

33.《供电营业规则》第五章第五十四条规定，在电力系统正常状况下，220V单相供电的，供电企业供到用户受电端的供电电压允许偏差为额定值的__________。

答案：+7%，-10%

34.《供电营业规则》第五章第五十四条规定，在电力系统非正常状况下，用户受电端的电压最大允许偏差不应超过额定值的__________。

答案：±10%

35.《供电营业规则》第五章第六十七条规定，除因故中止供电外，供电企业需对用户停止供电时，应在停电前__________ min，将停电时间再通知用户一次，方可在通知规定时间实施停电。

答案：30

36.《供电营业规则》第五章第六十八条规定，因供电设施计划检修需要停电时，应提前__________天通知用户或进行公告。

答案：7

37.《供电营业规则》第五章第六十八条规定，因供电设施临时检修需要停止供电时，应当提前__________ h 通知重要用户或进行公告。

答案：24

38.《供电营业规则》第五章第六十九条规定，引起停电或限电的原因消除后，供电企业应在__________日内恢复供电。

答案：3

39.《供电营业规则》第六章第七十七条规定，除因供电企业责任或不可抗力外的其他原因致使计费电能表出现或发生故障的，__________应负担赔偿费或修理费。

答案：用户

40.《供电营业规则》第四章第四十一条规定，用户应在提高用电自然功率因数的基础上，按有关标准设计和安装无功补偿设备，并做到随其负荷和电压变动及时投入或切除，防止__________倒送。

答案：无功电力

41.《供电营业规则》第六章第七十九条规定，用户对供电企业计费电能表校验检验结果有异议时，可向__________计量检定机构申请检定。

答案：供电企业上级

42.《供电营业规则》第八章第九十八条规定，电费违约金从逾期之日起计算至__________止。

答案：交纳日

43.《供电营业规则》第八章第九十八条规定，电费违约金收取总额按日累加计收，总额不足 1 元者按__________元收取。

答案：1

44.《供电营业规则》第八章第一百条规定，危害供用电安全、扰乱正常供用电秩序行为，属于行为__________。

答案：违约用电

45.《供电营业规则》第八章第一百条规定，在电价低的供电线路上，擅自接用电价高的用电设备或私自改变用电类别的，应按实际使用日期补交其差额电费，并承担__________倍差额电费的违约使用电费。

答案：2

46.《供电营业规则》第八章第一百条规定，属于两部制电价的用户，私自超过合同约定的容量用电的，应承担__________倍私增容量基本电费的违约使用电费。

答案：3

47.《供电营业规则》第九章第一百零三条规定，窃电时间无法查明时，窃电日数至少以__________天计算，每日窃电时间：电力用户按 12h 计算；照明用户按 6h 计算。

答案：180

48.《供电营业规则》第二章第十一条规定，用户需要备用、保安电源时，供电企业应按其__________、用电容量和供电的可能性，与用户协商确定。

答案：负荷重要性

49.《供电营业规则》第二章第十四条规定，在公用供电设施尚未到达的地区，供电企业征得该地区有供电能力的直供用户同意，可采用委托方式向其附近的用户转供电力，但不得委托__________用户转供电。

答案：重要的国防军工

50.《供电营业规则》第三章第二十四条规定，按变压器容量计收基本电费的用户，暂停用电必须是__________变压器停止运行。

答案：整台或整组

51.《供电营业规则》第三章第二十四条规定，按最大需量计收基本电费的用户，申请暂停用电必须是__________（含不通过受电变压器的高压电动机）的暂停。

答案：全部容量

52.《供电营业规则》第三章第二十七条规定，用户移表（因修缮房屋或其他原因需要移动用电计量装置安装位置），须向供电企业提出申请。移表所需的费用由__________负担。

答案：用户

53.《供电营业规则》第三章第二十五条规定，暂换的变压器经__________后才能投入运行。

答案：检验合格

54.《供电营业规则》第三章第三十二条规定，用户销户，须向供电企业提出申请。供电企业应查验用电计量装置完好性后，拆除接户线和__________。

答案：用电计量装置

55.《供电营业规则》第三章第三十六条规定，用户依法破产时，在破产用户原址上用电的，按__________办理。

答案：新装用电

56.《供电营业规则》第四章第四十七条规定，供电设施的运行维护管理范围，按__________确定。

答案：产权归属

二、不定项选择题

1.《供电营业规则》第六章第七十一条规定，在客户受电点内难以按电价类别分别装设用电计量装置时，可（　　），然后按其不同电价类别的用电设备容量的比例或实际可能的用电量，确定不同电价类别用电量的比例或定量进行分算，分别计价。

A. 与客户协商每月定量计量　　B. 装设总的用电计量装置
C. 多月计量用电量　　D. 在方便的位置装设计量装置
答案：B
2.《供电营业规则》第二章第十五条规定，为保障用电安全，便于管理，用户应将（　　）与非重要负荷、生产用电与生活区用电分开配电。
A. 重要负荷　　B. 照明负荷
C. 办公用电负荷　　D. 自备电源
答案：A
3.《供电营业规则》第三章第二十三条规定，电力用户在减容期限内，供电企业应（　　）用户减少容量的使用权。
A. 保留　　B. 不保留
C. 保留 6 个月　　D. 保留 2 年
答案：A
4. 根据《供电营业规则》第三章第二十三条、第二十四条的规定，某新装大工业电力用户，400kVA 变压器 2 台，受电总容量为 800kVA，按容量计收基本电费。用电一年后，该用户申请将其中一台 400kV 变压器暂停 3 个月，对该变压器进行现场加封后，该用电户应按（　　）kVA 容量交纳基本电费。
A. 400　　B. 600
C. 800　　D. 0
答案：B
5.《供电营业规则》第三章第二十七条规定，用户移表指用户因修缮房屋或其他原因需要移动用电计量装置安装位置。下列选项中有关移表表述错误的是（　　）。
A. 在用电地址、用电容量、用电类别、供电点等不变的情况下，可办理移表手续
B. 移表所需的费用由供电企业负担
C. 客户不论何种原因，不得自行移动表位
D. 居民用户私自移表，应承担每次 500 元的违约使用电费
答案：B
6.《供电营业规则》第三章第三十条规定，在用电地址、供电点、（　　）不变，且其受电装置具备分装的条件时，允许办理分户。
A. 供电点　　B. 用电容量
C. 用电性质　　D. 用电方式
答案：B
7.《供电营业规则》第四章第三十七条规定，对规划中安排的线路走廊和变电站建设用地，应当优先满足（　　）建设的需要，确保土地和空间资源得到有效利用。
A. 专用供电设施　　B. 公用供电设施
C. 共用供电设施　　D. 临时供电设施
答案：B
8.《供电营业规则》第四章第四十三条规定，供电企业接到用户的受电装置竣工报

告及检验申请后，应及时组织检验。对检验不合格的，但自第（　　）次检验起，每次检验前用户须按规定交纳重复检验费。

A. 1　　B. 2

C. 3　　D. 4

答案：B

9. 《供电营业规则》第四章第四十七条规定，采用电缆供电的，本着便于维护管理的原则，供电设施的责任分界点由（　　）确定。

A. 供电企业　　B. 客户

C. 产权所有者　　D. 供电企业与客户协商

答案：D

10. 《供电营业规则》第四章第四十七条规定，产权属于用户且由用户运行维护的线路，以公用线路分支杆或专用线路接引的公用变电站外（　　）为分界点。

A. 第一电缆分支箱　　B. 分支杆

C. 第一基电杆　　D. 第一分支杆

答案：C

11. 《供电营业规则》第五章第五十八条规定，因电能质量某项指标不合格而引起责任纠纷时，不合格的质量责任由（　　）认定的电能质量技术检测机构负责技术仲裁。

A. 电力管理部门　　B. 电力监管部门

C. 电网经营企业　　D. 县级以上地方人民政府

答案：A

12. 《供电营业规则》第五章第六十条规定，供电企业应根据（　　）和电力负荷的重要性，编制事故限电序位方案，并报电力管理部门审批或备案后执行。

A. 电力系统情况　　B. 供电能力

C. 负荷用电特性　　D. 用电性质

答案：A

13. 《供电营业规则》第五章第六十二条规定，供电企业接到用户用电事故报告后，应派员赴现场调查，在（　　）天内协助用户提出事故调查报告。

A. 3　　B. 5

C. 7　　D. 10

答案：C

14. 《供电营业规则》第五章第六十七条规定，除因故中止供电外，供电企业需对用户停止供电时，在停电前（　　）min，将停电时间再通知客户一次，方可在通知规定时间实施停电。

A. 15　　B. 30

C. 45　　D. 60

答案：B

15. 《供电营业规则》第五章第六十八条规定，因供电设施计划检修需要停电时，应提前（　　）通知用户或进行公告。

A. 24h　　B. 48h

C. 5 天　　D. 7 天

答案：D

16. 《供电营业规则》第六章第七十三条规定，对（　　）kV 及以下电压供电的用户，应配置专用的电能表计量柜（箱）。

A. 0.4　　B. 10

C. 35　　D. 110

答案：B

17. 《供电营业规则》第六章第七十三条规定，对（　　）kV 及以上电压供电的用户，应有专用的电流互感器二次线圈和专用的电压互感器二次连接线，并不得与保护、测量回路共用。

A. 0.4　　B. 10

C. 35　　D. 110

答案：C

18. 根据《供电营业规则》第三章第三十五条的规定，某用户原用电性质为一般工商业用电，现申请改为居民生活用电，该户应办理（　　）手续。

A. 改类　　B. 改压

C. 更名过户　　D. 销户

答案：A

19. 《供电营业规则》第四章第四十一条规定，除电网有特殊要求的用户外，用户在当地供电企业规定的电网高峰负荷时的功率因数，100kVA 及以上高压供电的用户功率因数应为（　　）以上。

A. 0.80　　B. 0.85

C. 0.90　　D. 0.95

答案：C

20. 《供电营业规则》第六章第七十六条规定，对不具备安装条件的临时用电的用户，可按其（　　）计收电费。

A. 用电容量、使用时间和用电性质

B. 用电容量、使用时间和功率因数

C. 用电容量、使用时间和规定的电价

D. 用电容量、使用时间、规定的电价及功率因数

答案：C

21. 根据《供电营业规则》第六章第八十条的规定，某用户认为计量电能表不准申请校验，该电能表允许误差为 ±2%。经校验，该用户计量电能表实际误差为 +5%，在确定退给用户电量时应按（　　）计算。

A. +2%　　B. +3%

C. +5%　　D. +7%

答案：C

22.《供电营业规则》第六章第八十一条规定，用电计量装置接线错误、熔断器熔断、倍率不符等原因，使电能计量或计算出现差错时，供电企业应按规定退补相应电量的电费，退补电量未正式确定前，用户应（　　）。

A. 先按抄见电量如期交付电费　　B. 先按正常月用电量交付电费

C. 先按上月用电量交付电费　　D. 先暂时不交电费

答案：B

23.《供电营业规则》第六章第八十二条规定，用户应按（　　）规定的期限和交费方式交清电费，不得拖延或拒交电费。

A. 物价管理部门　　B. 地方政府

C. 电力管理部门　　D. 供电企业

答案：D

24.《供电营业规则》第六章第八十五条规定，在受电装置一次侧装有连锁装置互为备用的变压器，按（　　）计算其基本电费。

A. 所有变压器容量的平均值　　B. 所有变压器容量之和

C. 其中较大的变压器容量　　D. 可能同时使用的变压器容量之和的最大值

答案：D

25.《供电营业规则》第六章第八十五条规定，以变压器容量计算基本电费的用户，下列选项中不收取基本电费的是（　　）。

A. 热备用状态的变压器　　B. 运行状态的变压器

C. 冷备用状态未加封的变压器　　D. 冷备用状态并经供电企业加封的变压器

答案：D

26.《供电营业规则》第七章第九十条规定，电网经营企业与并网发电厂应根据国家法律、行政法规和有关规定，签订并网协议，并在并网发电前签订（　　）合同。

A. 供用电　　B. 购售电

C. 并网电量购销　　D. 并网调度

答案：C

27.《供电营业规则》第八章第九十三条规定，供用电合同应采取（　　），经双方协商同意的有关修改合同的文书、电报、电传和图表也是合同的组成部分。

A. 书面形式　　B. 电子形式

C. 固定格式　　D. 非固定格式

答案：A

28.《供电营业规则》第八章第九十五条规定，由于供电企业电力运行事故造成用户停电的，供电企业应按用户在停电时间内可能用电量的电度电费的（　　）倍［单一制电价为（　　）倍］给予赔偿。

A. 5，4　　B. 4，3

C. 3，2　　D. 2，1

答案：A

29.《供电营业规则》第八章第九十六条规定，用户用电功率因数达到规定标准，而供电电压超出本规则规定的变动幅度，给用户造成损失的，供电企业应按用户每月在电压不合格的累计时间内所用的电量，乘以用户当月用电的平均电价的（　　）% 给予赔偿。

A. 10　　B. 20

C. 30　　D. 40

答案：B

30.《供电营业规则》第八章第九十八条规定，用户在供电企业规定的期限内未交清电费时，应承担电费滞纳的违约责任。电费违约金从逾期之日起计算至交纳日止，居民用户每日按欠费总额的（　　）‰计算。

A. 1　　B. 2

C. 3　　D. 1～2

答案：A

31.《供电营业规则》第八章第一百条规定，擅自使用已在供电企业办理暂停手续的电力设备的，除两部制电价用户外，其他用户应承担擅自使用或启用封存设备容量每次每千瓦（kVA）（　　）元的违约使用电费。

A. 20　　B. 30

C. 40　　D. 50

答案：B

32.《供电营业规则》第八章第一百条规定，在电价低的供电线路上，擅自接用电价高的用电设备或私自改变用电类别的，应按实际使用日期补交其差额电费，使用起讫日期难以确的，实际使用时间按（　　）个月计算。

A. 1　　B. 3

C. 6　　D. 12

答案：B

33.《供电营业规则》第八章第一百条规定，私自迁移、更动和擅自操作供电企业的用电计量装置、电力负荷管理装置、供电设施及约定由供电企业调度的用户受电设备者，属于大工业用户的，应承担每次（　　）元的违约使用电费。

A. 500　　B. 1000

C. 2000　　D. 5000

答案：D

34. 根据《供电营业规则》第九章第一百条的规定，某临时用电用户因供电容量有多余，在未经得供电企业同意的情况下将电力转供给一特困企业进行生产自救，该行为属于（　　）。

A. 违法行为　　B. 窃电行为

C. 违约用电行为　　D. 正常用电行为

答案：C

35.《供电营业规则》第四章第四十四条规定，供电企业可接受地方有关部门的委托，代为（　　）公用路灯，并照章收取费用，具体事项由双方协商确定。

A. 设计　　B. 施工

C. 安装　　D. 维护管理

答案：ABD

36.《供电营业规则》第四章第四十六条规定，用户独资、合资或集资建设的输电、变电、配电等供电设施建成后，其运行维护管理按以下（　　）原则确定。

A. 属于公用性质或占用公用线路规划走廊的，由供电企业统一管理

B. 属于用户专用性质，但不在公用变电站内的供电设施，由用户运行维护管理

C. 在公用变电站内由用户投资建设的供电设备，如变压器、通信设备、开关、刀开关等，由供电企业统一经营管理

D. 属于临时用电等其他性质的供电设施，原则上由产权所有者运行维护管理，或由双方协商确定，并签订协议

答案：ABCD

37.《供电营业规则》第四章第五十一条规定，（　　）情况下，产权所有者不需承担在供电设施上发生事故引起的法律责任。

A. 受害者因遵守安全或其他规章制度，进入供电设施安全区域内而发生事故引起的法律责任

B. 在委托维护的供电设施上，因供电方维护不当所发生事故引起的法律责任

C. 受害者因违反安全或其他规章制度，擅自进入供电设施非安全区域内而发生事故引起的法律责任

D. 在委托维护的供电设施上，因代理方维护不当所发生事故引起的法律责任

答案：CD

38.《供电营业规则》第五章第五十六条规定，用户的（　　）对供电质量产生影响或对安全运行构成干扰和妨碍时，用户必须采取措施予以消除。

A. 冲击负荷　　B. 波动负荷

C. 非对称负荷　　D. 高密度负荷

答案：ABC

39.《供电营业规则》第五章第六十一条规定，用户应定期进行电气设备和保护装置的（　　），消除设备隐患，预防电气设备事故和误动作发生。

A. 检查　　B. 检修

C. 更换　　D. 试验

答案：ABD

40.《供电营业规则》第六章第七十二条规定，用电计量装置包括（　　）。

A. 计费电能表　　B. 电压互感器

C. 电流互感器　　D. 二次连接线导线

答案：ABCD

41.《供电营业规则》第六章第七十二条规定，供电企业在（　　）后应对用电计量装置加封，并请用户在工作凭证上签章。

A. 新装　　B. 换装

C. 拆表　　D. 现场校验

答案：ABD

42. 根据《供电营业规则》第六章第八十七条，以下关于临时用电说法正确的是（　　）。

A. 用电终止时，如实际使用时间不足约定期限二分之一的，可退还预收电费的二分之一

B. 超过约定期限二分之一的，预收电费不退

C. 超过约定期限二分之一的，可退还预收电费的二分之一

D. 到约定期限时，得终止供电

答案：ABD

43.《供电营业规则》第七章第八十九条规定，并网运行的发电厂，应在发电厂建设项目立项前，与并网的电网经营企业联系，就（　　）等达成电量购销意向性协议。

A. 并网容量　　B. 发电时间

C. 上网电价　　D. 上网电量

答案：ABCD

44.《供电营业规则》第八章第九十三条规定，省电网经营企业可根据（　　）的不同，分类制定出适应不同类型用户需要的标准格式的供用电合同。

A. 用电类别　　B. 用电容量

C. 电网结构　　D. 电压等级

答案：ABD

45.《供电营业规则》第五章第六十七条规定，除因故中止供电外，供电企业需对用户停止供电时，应将停电的（　　）报本单位负责人批准。

A. 区域　　B. 用户

C. 原因　　D. 时间

答案：BCD

46. 根据《供电营业规则》第三章第二十二条的规定，下列关于变更用电说法正确的是（　　）。

A. 减少合同约定的用电容量，简称减容

B. 暂时停止全部或部分受电设备的用电，简称暂停

C. 临时更换大容量变压器，简称暂换

D. 迁移供电装置用电地址，简称迁址

答案：ABC

47. 根据《供电营业规则》第四章第四十条的规定，下列关于用户受电工程设计文件和有关资料审核的时间正确的是（　　）。

A. 对高压供电的用户最长不超过一个月

B. 对高压供电的用户最长不超过三个月

C. 对低压供电的用户最长不超过七天

D. 对低压供电的用户最长不超过十天

答案：AD

三、判断题

1.《供电营业规则》第三章第十八条规定，新建受电工程项目在立项阶段，用户应与供电企业联系，就工程供电的可能性、用电容量和供电条件等达成意向性协议，方可定址，确定项目。(　　)

答案：√

2.《供电营业规则》第二章第九条规定，用户用电设备容量在100kW及以下或需用变压器容量在50kVA及以下者，可采用低压三相四线制供电，特殊情况也可采用高压供电。(　　)

答案：√

3.《供电营业规则》第二章第九条规定，用电负荷密度较高的地区，经过技术经济比较，采用低压供电的技术经济性明显优于高压供电时，低压供电的容量界限可适当提高。具体容量界限由市电网经营企业作出规定。(　　)

答案：×

4.《供电营业规则》第二章第十条规定，供电企业可以对距离发电厂较近的用户，不得采用发电厂直配供电方式。(　　)

答案：×

5.《供电营业规则》第二章第十一条规定，客户需要备用、保安电源时，供电企业应按其负荷重要性、用电容量和供电的可能性，自行确定。(　　)

答案：×

6.《供电营业规则》第二章第十三条规定，供电企业一般不采用趸售方式供电，以减少中间环节。特殊情况需开放趸售供电时，应由省级电网经营企业报电力管理部门批准。(　　)

答案：×

7.《供电营业规则》第二章第十四条规定，被转供户视同供电企业的直供户，与直供户享有同样的用电权利，其一切用电事宜按直供户的规定办理。(　　)

答案：√

8.《供电营业规则》第三章第十八条规定，新建受电工程项目在立项阶段，用户未与供电企业联系的，供电企业有权拒绝受理其用电申请。(　　)

答案：√

9.《供电营业规则》第三章第二十八条规定，用户暂拆原因消除，要求恢复供电，在交清费用5天内，供电企业应为该户复装用电。(　　)

答案：×

10.《供电营业规则》第三章第二十八条规定，对客户超过暂拆规定时间要求复装接电者应按新装手续办理。(　　)

答案：√

11.《供电营业规则》第三章第二十八条规定，暂拆时间最长不超过3个月。(　　)

答案：×

12.《供电营业规则》第三章第二十九条规定，原用户应与供电企业结清债务，才能解除原供用电关系。(　　)

答案：√

13.《供电营业规则》第三章第三十条规定，在用电地址、供电点、用电类别不变，且其受电装置具备分装的条件时，允许办理分户。(　　)

答案：×

14.《供电营业规则》第四章第三十九条规定，供电企业对低压供电的用户受电工程进行设计审查时，用户应提供负荷组成和用电设备清单。(　　)

答案：√

15.《供电营业规则》第四章第四十条规定，用户受电工程的设计文件，未经供电企业审核同意，用户不得据以施工，否则，供电企业将不予检验和接电。(　　)

答案：√

16.《供电营业规则》第四章第四十条规定，用户若更改经审核后的受电工程设计文件，应将变更后的设计再送设计部门复核。(　　)

答案：×

17.《供电营业规则》第四章第四十三条规定，用户用电工程的验收，应在接到工程竣工报告后5个工作日内进行。(　　)

答案：×

18.《供电营业规则》第四章第五十一条规定，在供电设施上发生事故引起的法律责任，按供电设施产权归属确定。(　　)

答案：√

19.《供电营业规则》第四章第五十条规定，建筑物与供电设施相互妨碍，需要迁移供电设施或采取防护措施时，应按安全第一的原则，确定其担负责任。(　　)

答案：×

20.《供电营业规则》第六章第七十四条规定，当用电计量装置不安装在产权分界处时，线路与变压器损耗的有功与无功电量均由产权所有者负担。(　　)

答案：√

21.《供电营业规则》第六章第七十九条规定，如果计费电能计量装置计量不准，应按规定退补电费，在退补期间，用户先按抄表电量如期交纳电费，误差确定后，再行退补。(　　)

答案：√

22.《供电营业规则》第六章第八十三条规定，由于用户的原因未能如期抄录计费电能表读数时，可通知用户待期补抄，或暂按前次用电量计收电费，待下次抄表时一并结清。(　　)

答案：√

23.《供电营业规则》第二章第十四条规定，向被转供户供电的公用线路与变压器的损耗电量，应由供电企业负担，不得摊入被转供户用电量中。(　　)

答案：√

24.《供电营业规则》第六章第七十七条规定，计费电能表装设后，用户应妥为保护，不应在表前堆放影响抄表或计量准确及安全的物品。(　　)

答案：√

25.《供电营业规则》第六章第八十四条规定，终止用电的用户当月的基本电费，可按实用天数（日用电不足 24h 的，按一天计算）每日按全月基本电费三十分之一计算。(　　)

答案：√

26.《供电营业规则》第四章第三十八条规定，用户新装、增装或改装受电工程的设计安装、试验与运行应符合国家有关标准；国家尚未制定标准的，应符合电力行业标准。(　　)

答案：√

27.《供电营业规则》第四章第四十条规定，供电企业对用户的受电工程设计文件和有关资料的审核意见应以书面形式连同审核过的一份受电工程设计文件和有关资料一并退还用户，以便用户据以施工。(　　)

答案：√

28.《供电营业规则》第五章第六十一条规定，用户应定期进行电气设备和保护装置的检查、检修和试验，消除设备隐患，预防电气设备事故和误动作发生。(　　)

答案：√

29.《供电营业规则》第五章第六十四条规定，承装、承修、承试受电工程的单位，必须经电力管理部门审核合格，并取得电力管理部门颁发的承装（修、试）电力设施许可证。(　　)

答案：√

30.《供电营业规则》第六章第七十二条规定，高压用户的成套设备中装有自备电能表及附件时，经供电企业检验合格、加封并移交供电企业维护管理的，可作为计费电能表。用户销户时，供电企业应将该设备交还用户。(　　)

答案：√

四、简答题

1.《供电营业规则》第三章第十六条规定，供电企业应在用电营业场所公告哪些内容？

答案：供电企业应在用电营业场所公告办理各项用电业务的程序、制度和收费标准。

2.《供电营业规则》第三章第二十二条规定的变更用电有哪些类型？

答案：减容；暂停；暂换；迁址；移表；暂拆；更名或过户；分户；并户；销户；改压；改类。

3.《供电营业规则》第三章第三十五条规定，用户申请改类，供电企业应如何办理？

答案：用户改类，须向供电企业提出申请，供电企业应按下列规定办理：

（1）在同一受电装置内，电力用途发生变化而引起用电电价类别改变时，允许办理改类手续。

(2) 擅自改变用电类别，在电价低的供电线路上，擅自接用电价高的用电设备或私自改变用电类别的，应按实际使用日期补交其差额电费，并承担2倍差额电费的违约使用电费。使用起讫日期难以确定的，实际使用时间按3个月计算。

4.《供电营业规则》第三章第三十六条规定，用户依法破产时，供电企业应如何办理？

答案：用户依法破产时，供电企业应按下列规定办理：

(1) 供电企业应予销户，终止供电。

(2) 在破产用户原址上用电的，按新装用电办理。

(3) 从破产用户分离出去的新用户，必须在偿清原破产用户电费和其他债务后，方可办理变更用电手续，否则，供电企业可按违约用电处理。

5.《供电营业规则》第四章第五十条规定，因建设引起建筑物、构筑物与供电设施相互妨碍，需要迁移供电设施或采取防护措施时，责任按什么原则确定？

答案：因建设引起建筑物、构筑物与供电设施相互妨碍，需要迁移供电设施或采取防护措施时，应按建设先后的原则，确定其担负的责任。如供电设施建设在先，建筑物、构筑物建设在后，由后续建设单位负担供电设施迁移、防护所需的费用；如建筑物、构筑物的建设在先，供电设施建设在后，由供电设施建设单位负担建筑物、构筑物的迁移所需的费用；不能确定建设的先后者，由双方协商解决。供电企业需要迁移用户或其他供电企业的设施时，也按上述原则办理。城乡建设与改造需迁移供电设施时，供电企业和用户都应积极配合，迁移所需的材料和费用，应在城乡建设与改造投资中解决。

6.《供电营业规则》第四章第五十一条规定，在供电设施上发生事故，按什么原则确定承担的法律责任？

答案：在供电设施上发生事故引起的法律责任，按供电设施产权归属确定。产权归属于谁，谁就承担其拥有的供电设施上发生事故引起的法律责任。但产权所有者不承担受害者因违反安全或其他规章制度，擅自进入供电设施非安全区域内而发生事故引起的法律责任，以及在委托维护的供电设施上，因代理方维护不当所发生事故引起的法律责任。

7.《供电营业规则》第五章第六十六条规定，哪些情形下，不经批准即可中止供电？

答案：有下列情形之一的，不经批准即可中止供电，但事后应报告本单位负责人：

(1) 不可抗力和紧急避险。

(2) 确有窃电行为。

8.《供电营业规则》第六章第七十九条规定，用户认为供电企业装设的计费电能表不准时，应如何处理？

答案：用户认为供电企业装设的计费电能表不准时，有权向供电企业提出校验申请，在用户交付验表费后，供电企业应在7天内检验，并将检验结果通知用户。如计费电能表的误差在允许范围内，验表费不退；如计费电能表的误差超出允许范围时，除退还验表费外，并应按本规则第八十条规定退补电费。用户对检验结果有异议时，可向供电企业上级计量检定机构申请检定。用户在申请验表期间，其电费仍应按期交纳，验表结果确认后，再行退补电费。

9.《供电营业规则》第九章第一百零一条规定，窃电行为有哪些？

答案：禁止窃电行为。窃电行为包括以下几种：

（1）在供电企业的供电设施上，擅自接线用电；

（2）绕越供电企业用电计量装置用电；

（3）伪造或者开启供电企业加封的用电计量装置封印用电；

（4）故意损坏供电企业用电计量装置；

（5）故意使供电企业用电计量装置不准或者失效；

（6）采用其他方法窃电。

10.《供电营业规则》第八章第九十八条规定，用户在供电企业规定的期限内未交清电费时，每日电费违约金按哪些规定计算？

答案：（1）居民用户每日按欠费总额的1‰计算。

（2）其他用户：当年欠费部分，每日按欠费总额的2‰计算；跨年度欠费部分，每日按欠费总额的3‰计算。电费违约金收取总额按日累加计收，总额不足1元者按1元收取。

11.《供电营业规则》第九章第一百零三条规定，窃电量按哪些方法确定？

答案：（1）在供电企业的供电设施上，擅自接线用电的，所窃电量按私接设备额定容量（kVA视同kW）乘以实际使用时间计算确定。

（2）以其他行为窃电的，所窃电量按计费电能表标定电流值（对装有限流器的，按限流器整定电流值）所指的容量（kVA视同kW）乘以实际窃用的时间计算确定。窃电时间无法查明时，窃电日数至少以180天计算，每日窃电时间：电力用户按12h计算；照明用户按6h计算。

12.《供电营业规则》第三章第三十六条规定，从破产用户分离出去的新用户如何办理变更手续？

答案：从破产用户分离出去的新用户，必须在偿清原破产用户电费和其他债务后，方可办理变更用电手续，否则，供电企业可按违约用电处理。

13.《供电营业规则》第六章第八十七条规定，临时用电用户未装用电计量装置的，如何收取电费？

答案：临时用电用户未装用电计量装置的，供电企业应根据其用电容量，按双方约定的每日使用时数和使用期限预收全部电费。用电终止时，如实际使用时间不足约定期限二分之一的，可退还预收电费的二分之一；超过约定期限二分之一的，预收电费不退；到约定期限时，得终止供电。

14.《供电营业规则》第五章第六十七条规定，除因故中止供电外，供电企业需对用户停止供电时，应按什么程序办理停电手续？

答案：除因故中止供电外，供电企业需对用户停止供电时，应按下列程序办理停电手续：

（1）应将停电的用户、原因、时间报本单位负责人批准。批准权限和程序由省电网经营企业制定；

（2）在停电前3~7天内，将停电通知书送达用户，对重要用户的停电，应将停电通知书报送同级电力管理部门；

（3）在停电前30min，将停电时间再通知用户一次，方可在通知规定时间实施停电。

第四节　居民用户家用电器损坏处理办法

一、填空题

1.《居民用户家用电器损坏处理办法》第六条规定，供电企业如能提供证明，居民用户家用电器的损坏是不可抗力原因引起，并经县级以上__________核实无误，供电企业不承担赔偿责任。

答案：电力管理部门

2.《居民用户家用电器损坏处理办法》第二条规定，本办法适用于由供电企业以__________电压供电的居民用户，因发生电力运行事故导致电能质量劣化，引起居民用户家用电器损坏时的索赔处理。

答案：220/380V

3.《居民用户家用电器损坏处理办法》第九条规定，对损坏家用电器的修复，供电企业承担被损坏元件的__________责任。

答案：修复

4.《居民用户家用电器损坏处理办法》第九条规定，对损坏家用电器，修复时应尽可能以__________、__________的新元件修复。

答案：原型号　　规格

5.《居民用户家用电器损坏处理办法》第九条规定，修复所发生的元件购置费、检测费、修理费均由__________负担。

答案：供电企业

6.《居民用户家用电器损坏处理办法》第十条规定，对不可修复的家用电器，其购买时间在__________个月及以内的，按原购货发票价，供电企业全额予以赔偿。

答案：6

7.《居民用户家用电器损坏处理办法》第十三条规定，供电企业对居民用户家用电器损坏所支付的修理费用或赔偿费，由__________中列支。

答案：供电生产成本

8.《居民用户家用电器损坏处理办法》第七条规定，从家用电器损坏之日起__________日内，受害居民用户未向供电企业投诉并提出索赔要求的，即视为受害者已自动放弃索赔权。

答案：7

二、不定项选择题

1. 某220V供电的居民客户，家中电热水器在一次因供电企业责任发生的运行事故中损坏，经供电企业指定的检修单位检定，认为不可修复。此电器已购买 7 年，原价 1000 元人民币，根据《居民用户家用电器损坏处理办法》的规定，供电企业应赔偿（　　）元人民币。

A. 100　　B. 600

C. 800　　D. 1000

答案：A

2.《居民用户家用电器损坏处理办法》第四条规定，供电企业在接到居民用户家用电器损坏投诉后，应在（　　）h 内派员赴现场进行调查、核实。

A. 8　　B. 12

C. 24　　D. 48

答案：C

3.《居民用户家用电器损坏处理办法》第十条规定，对不可修复的家用电器，使用时间以（　　）为准开始计算。

A. 检测日期　　B. 出厂日期

C. 发货票开具的日期　　D. 实际到货日期

答案：C

4. 根据《居民用户家用电器损坏处理办法》的规定，下列（　　）情况供电企业不承担赔偿责任。

A. 供电企业负责运行维护的 220/380V 供电线路上，由于供电企业的责任发生相线与中性线接错造成居民家用电器损坏的

B. 供电企业认定居民用户家用电器的损坏是不可抗力原因引起的

C. 从家用电器损坏之日起，超过 7 日，受害居民用户未向供电企业投诉并提出索赔要求的

D. 供电企业负责运行维护的 220/380V 供电线路上，由于供电企业的责任发生中性线断线的

答案：C

5.《居民用户家用电器损坏处理办法》第十条规定，对不可修复的家用电器，下列说法正确的是（　　）。

A. 其购买时间在 6 个月及以内的，按原购货发票价，供电企业全额予以赔偿

B. 其购买时间在 12 个月及以内的，按原购货发票价，供电企业全额予以赔偿

C. 购置时间在 6 个月以上的，按原购货发票价，并按本办法中家用电器的平均使用年限规定的使用寿命折旧后的余额，予以赔偿

D. 使用年限已超过本办法规定仍在使用的，或者折旧后的差额低于原价 10% 的，按原价的 10% 予以赔偿

答案：ACD

6.《居民用户家用电器损坏处理办法》第一条规定，为保护供用电双方的合法权益，规范因电力运行事故引起的居民用户家用电器损坏的理赔处理，公正、合理地调解纠纷，根据（　　）和国家有关规定，制定《居民用户家用电器损坏处理办法》。

A.《中华人民共和国电力法》　　B.《电力供应与使用条例》

C.《供电营业规则》　　D.《供电监管办法》

答案：AB

7.《居民用户家用电器损坏处理办法》第九条规定，不属于责任损坏或未损坏的元件，受害居民用户也要求更换时，所发生的元件（　　）应由提出要求者负担。

A. 购置费　　B. 检测费

C. 修理费　　D. 其他费用

答案：AC

8.《居民用户家用电器损坏处理办法》第六条规定，供电企业如能提供证明，居民用户家用电器的损坏是（　　）等原因引起，并经县级以上电力管理部门核实无误，供电企业不承担赔偿责任。

A. 不可抗力　　B. 第三人责任

C. 受害者自身过错　　D. 产品质量事故

答案：ABCD

9.《居民用户家用电器损坏处理办法》第八条规定，损坏的家用电器经（　　）的检修单位检定，认为可以修复的，由供电企业承担被损坏元件的修复责任。

A. 电力管理部门指定　　B. 供电企业指定

C. 电器厂家指定　　D. 供用电双方认可

答案：BD

10.《居民用户家用电器损坏处理办法》第五条规定，因供电企业责任引起居民用户家用电器损坏的，供电企业应会同居委会（村委会）或其他有关部门，共同对受害居民用户损坏的家用电器（　　）及损坏现象等进行登记和取证。

A. 型号　　B. 名称

C. 数量　　D. 使用年月

答案：ABCD

11.《居民用户家用电器损坏处理办法》第九条规定，对损坏家用电器的修复，供电企业承担被损坏元件的修复责任。下列选项中关于修复的描述正确的是（　　）。

A. 修复时应尽可能以新型号、规格的新元件修复

B. 尽可能以原型号、规格的新元件修复

C. 无新型号规格的新元件可供修复时，可采用原型号规格的新元件修复

D. 无原型号规格的新元件可供修复时，可采用相同功能的新元件替代

答案：BD

12. 根据《居民用户家用电器损坏处理办法》的规定，以下说法错误的是（　　）。

A. 从家用电器损坏之日起，超过 7 个工作日未投诉索赔的，供电企业不再负责其赔偿

B. 对无法提供购货发票的，不予修复或赔偿

C. 白炽灯的使用年限为 2 年

D. 由于电力运行事故的原因出现 3 户及以上家用电器同时损坏时，供电企业才能受

理索赔

答案：ABD

13. 根据《居民用户家用电器损坏处理办法》第十二条的规定，下列家用电器中平均使用年限为 12 年的有（　　）。

A. 电视机　　B. 电冰箱

C. 电热水器　　D. 吸尘器

答案：BD

三、判断题

1.《居民用户家用电器损坏处理办法》第十条规定，对于无法提供购货发票的，应由居委会负责举证。(　　)

答案：×

2.《居民用户家用电器损坏处理办法》第十四条规定，第三人责任致使居民用户家用电器损坏的，供电企业应直接向第三人索赔。(　　)

答案：×

3.《居民用户家用电器损坏处理办法》第九条规定，不属于供电企业责任造成居民家用电器损坏，所发生的元件购置费与修理费应由提出要求者负担。(　　)

答案：√

4.《居民用户家用电器损坏处理办法》第一条规定，为保护供用电双方的合法权益，规范因雷击等事故引起的居民用户家用电器损坏的理赔处理，公正、合理地调解纠纷。(　　)

答案：×

5.《居民用户家用电器损坏处理办法》第四条规定，由于电力运行事故原因出现若干户家用电器同时损坏时，居民用户应及时向当地供电企业投诉，并保持家用电器损坏原状。(　　)

答案：√

6.《居民用户家用电器损坏处理办法》第十条规定，清偿后，损坏的家用电器归属台区经理所有。(　　)

答案：×

四、简答题

1.《居民用户家用电器损坏处理办法》第三条规定，发生哪些电力运行事故引起居民用户家用电器损坏，应由供电企业负责赔偿？

答案：电力运行事故，是指在供电企业负责运行维护的 220/380V 供电线路或设备上因供电企业的责任发生的下列事件。

（1）在 220/380V 供电线路上，发生相线与零线接错或三相相序接反；

（2）在 220/380V 供电线路上，发生零线断线；

（3）在 220/380V 供电线路上，发生相线与零线互碰；

(4) 同杆架设或交叉跨越时，供电企业的高电压线路导线掉落到220/380V线路上或供电企业高电压线路对220/380V线路放电。

2.《居民用户家用电器损坏处理办法》第十二条规定，各类家用电器的平均使用年限是多少?

答案：各类家用电器的平均使用年限如下。

(1) 电子类：如电视机、音响、录像机、充电器等，使用寿命为10年；

(2) 电机类：如电冰箱、空调器、洗衣机、电风扇、吸尘器等，使用寿命为12年；

(3) 电阻电热类：如电饭煲、电热水器、电茶壶、电炒锅等，使用寿命为5年；

(4) 电光源类：如白炽灯、气体放电灯、调光灯等，使用寿命为2年。

第五节　承装（修、试）电力设施许可证管理办法

一、填空题

1.《承装（修、试）电力设施许可证管理办法》第四条规定，在中华人民共和国境内从事__________、__________、__________电力设施活动的，应当按照《承装（修、试）电力设施许可证管理办法》的规定取得许可证。

答案：承装　承修　承试

2.《承装（修、试）电力设施许可证管理办法》第七条规定，取得一级承装（修、试）电力设施许可证的，可以从事__________电压等级电力设施的安装、维修或者试验业务。

答案：所有

3.《承装（修、试）电力设施许可证管理办法》第四条规定，所称承装、承修、承试电力设施，是指对__________、__________、__________电力设施的安装、维修和试验。

答案：输电　供电　受电

4.《承装（修、试）电力设施许可证管理办法》第十三条规定，申请材料不齐全或者不符合法定形式的，应当当场或者__________日内向申请人发出申请材料补正通知书，并一次告知需要补正的全部内容。

答案：5

5.《承装（修、试）电力设施许可证管理办法》第十四条规定，派出机构应当自受理之日起__________日内完成申请审查。

答案：15

6.《承装（修、试）电力设施许可证管理办法》第三十三条规定，承装（修、试）电力设施单位采取欺骗、贿赂等不正当手段取得许可证的，由派出机构撤销许可，给予警告，处__________万元以上__________万元以下罚款，情节严重的，__________年内不再受理其许可申请。

答案：1　3　3

二、不定项选择题

1.《承装（修、试）电力设施许可证管理办法》第二条规定，承装（修、试）电力设施许可证的（　　）、管理和监督，适用于本办法。

A. 申请　　B. 受理

C. 审查　　D. 颁发

答案：ABCD

2.《承装（修、试）电力设施许可证管理办法》第十八条规定，承装（修、试）电力设施单位（　　）发生变化的，应提出变更申请。

A. 名称　　B. 住所

C. 法定代表人　　D. 注册资金

答案：ABC

3.《承装（修、试）电力设施许可证管理办法》第二十条规定，承装（修、试）电力设施单位名称、住所或者法定代表人发生变化，应当自（　　）依法办理变更登记之日起 30 日内，向许可机关提出登记事项变更申请，并提交登记事项变更申请表。

A. 市场监督管理部门　　B. 国务院电力管理部门

C. 省电网经营企业　　D. 电力监管机构

答案：A

4.《承装（修、试）电力设施许可证管理办法》第七条规定，取得四级许可证的，可以从事（　　）kV 以下电压等级电力设施的安装、维修或者试验活动。

A. 10　　B. 35

C. 110　　D. 220

答案：B

5.《承装（修、试）电力设施许可证管理办法》第三十四条规定，承装（修、试）电力设施单位转包或违法分包承装（修、试）电力设施业务，涂改、倒卖、出租、出借许可证，或者以其他形式非法转让许可证的，未作规定的，由派出机构责令其改正，给予警告，并处（　　）罚款。

A. 1 万元以上 2 万元以下　　B. 1 万元以上 3 万元以下

C. 1 万元以上 5 万元以下　　D. 1 万元以上 4 万元以下

答案：B

6.《承装（修、试）电力设施许可证》第六条规定，许可证可分为（　　）个类别。

A. 2　　B. 3

C. 4　　D. 5

答案：B

7.《承装（修、试）电力设施许可证管理办法》第三十八条规定，电力企业违反下列（　　）规定，由派出机构责令其限期改正，给予警告，处 1 万元以上 3 万元以下罚款。

A. 电网企业发现未取得许可证或者超越许可范围承揽用户受电工程的单位或者个人，未按照本办法规定及时报告的
B. 未按规定对承装（修、试）电力设施业务许可证进行审核的
C. 将承装（修、试）电力设施业务发包给未取得许可证或者超越许可范围承揽工程的单位或者个人的
D. 未按规定对承装（修、试）电力设施建设单位人员进行审查
答案：AC

8.《承装（修、试）电力设施许可证管理办法》第四十三条规定，自（　　）起施行。
A. 2009 年 12 月 18 日　　B. 2020 年 10 月 11 日
C. 2020 年 6 月 2 日　　D. 2020 年 9 月 1 日
答案：B

三、判断题

1.《承装（修、试）电力设施许可证管理办法》规定，电监会及其派出机构违反法定程序作出准予许可的规定被撤销许可的，承装（修、试）电力设施单位基于许可取得的利益不受保护。(　　)
答案：×

2.《承装（修、试）电力设施许可证管理办法》第二十一条规定，许可证的有效期为 6 年。(　　)
答案：√

3.《承装（修、试）电力设施许可证管理办法》第二十一条规定，派出机构应当在许可证有效期届满时作出是否准予延续的决定。逾期未作出决定的，视为同意延续并补办相应手续。(　　)
答案：×

4.《承装（修、试）电力设施许可证管理办法》第二十六条规定，派出机构对电力企业遵守承装（修、试）电力设施许可制度的情况实施监督检查。(　　)
答案：√

5.《承装（修、试）电力设施许可证管理办法》第十八条规定，许可证的变更分为许可事项变更和登记事项变更。(　　)
答案：√

6.《承装（修、试）电力设施许可证管理办法》第七条规定，许可证分为一级、二级、三级、四级。(　　)
答案：×

7.《承装（修、试）电力设施许可证管理办法》第七条规定，取得二级许可证的，可以从事 330kV 以下电压等级电力设施的安装、维修或者试验活动。(　　)
答案：√

四、简答题

1.《承装（修、试）电力设施许可证管理办法》第六条规定中所称承装、承修、承试电力设施，是指对哪些设施的安装、维修和试验？

答案：是指对输电、供电、受电电力设施的安装、维修和试验。

2.《承装（修、试）电力设施许可证管理办法》第七条规定，许可证分为一级、二级、三级、四级和五级，请分别说出各级可以承装（修、试）的范围。

答案：(1) 取得一级许可证的，可以从事所有电压等级电力设施的安装、维修或者试验活动。

(2) 取得二级许可证的，可以从事 330kV 以下电压等级电力设施的安装、维修或者试验活动。

(3) 取得三级许可证的，可以从事 110kV 以下电压等级电力设施的安装、维修或者试验活动。

(4) 取得四级许可证的，可以从事 35kV 以下电压等级电力设施的安装、维修或者试验活动。

(5) 取得五级许可证的，可以从事 10kV 以下电压等级电力设施的安装、维修或者试验活动。

3.《承装（修、试）电力设施许可证管理办法》第二十四条规定，派出机构依法对辖区内从事承装（修、试）电力设施活动的单位或个人哪些事项实施监督检查？

答案：①依法取得许可证的情况；②在许可证范围内从事承装（修、试）电力设施活动；③依法取得许可证的情况；④符合许可证法定条件的情况；⑤遵守国家有关转包或者分包承装（修、试）电力设施业务规定的情况；⑥遵守国家其他有关规定的情况。

第六节　电力监管条例

一、填空题

1.《电力监管条例》第一章第三条规定，电力监管应当依法进行，并遵循__________、__________和__________的原则。

答案：公开　公正　效率

2.《电力监管条例》第一章第五条规定，任何单位和个人对违反本条例和国家有关电力监管规定的行为有权向__________和政府有关部门举报，电力监管机构和政府有关部门应当及时处理，并依照有关规定对举报有功人员给予奖励。

答案：电力监管机构

3.《电力监管条例》第二章第八条规定，电力监管机构从事监管工作的人员，应当忠于职守，依法办事，公正廉洁，不得利用职务便利谋取不正当利益，不得在__________、

__________兼任职务。

答案：电力企业　电力调度交易机构

4.《电力监管条例》第二章第九条规定，电力监管机构应当建立__________制度和__________制度。

答案：监管责任　监管信息公开

5.《电力监管条例》第二章第十一条规定，电力监管机构应当接受__________、__________、__________等部门依法实施的监督。

答案：国务院财政　监察　审计

6.《电力监管条例》第四章第二十一条规定，电力监管机构根据履行监管职责的需要，有权要求电力企业、电力调度交易机构报送与监管事项相关的__________、__________。

答案：文件　资料

二、不定项选择题

1.《电力监管条例》第三章第十五条规定，电力监管机构对（　　）中执行有关规章、规则的情况实施监管。

A. 发电厂并网　　B. 电网互联

C. 发电厂与电网协调运行　　D. 电网电价

答案：ABC

2.《电力监管条例》第五章第二十九条规定，电力监管机构从事监管工作的人员有下（　　）列情形之一的，依法给予行政处分；构成犯罪的，依法追究刑事责任。

A. 违反有关法律和国务院有关规定颁发电力业务许可证的

B. 发现未经许可擅自经营电力业务的行为，不依法进行处理的

C. 发现违法行为或者接到对违法行为的举报后，不及时进行处理的

D. 利用职务便利谋取不正当利益的

答案：ABCD

3.《电力监管条例》第五章第三十一条规定，电力企业违反电力监管条例规定，有下列（　　）情形之一的，由电力监管机构责令改正；拒不改正的，处10万元以上100万元以下的罚款；对直接负责的主管人员和其他直接责任人员，依法给予处分；情节严重的，可以吊销电力业务许可证。

A. 不遵守电力市场运行规则的

B. 发电厂并网、电网互联不遵守有关规章、规则的

C. 不向从事电力交易的主体公平、无歧视开放电力市场或者不按照规定公平开放电网的

D. 拒绝或者阻碍电力监管机构及其从事监管工作的人员依法履行监管职责的

答案：ABC

4.《电力监管条例》第五章第三十四条规定，电力企业、电力调度交易机构有下列（　　）情形之一的，由电力监管机构责令改正；拒不改正的，处5万元以上50万元以下的罚款，对直接负责的主管人员和其他直接责任人员，依法给予处分；构成犯罪的，

依法追究刑事责任。

A. 拒绝或者阻碍电力监管机构及其从事监管工作的人员依法履行监管职责的

B. 提供虚假或者隐瞒重要事实的文件、资料的

C. 未按照国家有关电力监管规章、规则的规定披露有关信息的

D. 不遵守电力市场运行规则的

答案：ABC

三、判断题

1.《电力监管条例》第三章第十四条规定，电力监管机构按照国家有关规定，对发电企业在各电力市场中所占份额的比例实施监管。（　　）

答案：√

2.《电力监管条例》第四章第二十六条规定，发电厂与电网并网、电网与电网互联，并网双方或者互联双方达不成协议，影响电力交易正常进行的，电力监管机构应当进行协调；经协调仍不能达成协议的，由电力监管机构作出裁决。（　　）

答案：√

3.《电力监管条例》第五章第三十三条规定，电力调度交易机构违反电力监管条例规定，不按照电力市场运行规则组织交易的，由电力监管机构责令改正；拒不改正的，处 10 万元以上 100 万元以下的罚款；对直接负责的主管人员和其他直接责任人员，依法给予处分。（　　）

答案：√

四、简答题

《电力监管条例》第四章第二十四条规定，电力监管机构依法履行职责，可以采取哪些措施，进行现场检查？

答案：电力监管机构依法履行职责，可以采取下列措施，进行现场检查：

1. 进入电力企业、电力调度交易机构进行检查；

2. 询问电力企业、电力调度交易机构的工作人员，要求其对有关检查事项作出说明；

3. 查阅、复制与检查事项有关的文件、资料，对可能被转移、隐匿、损毁的文件、资料予以封存；

4. 对检查中发现的违法行为，有权当场予以纠正或者要求限期改正。

第七节　优化营商环境条例

一、填空题

1.《优化营商环境条例》第一章第三条规定，国家持续深化简政放权、放管结合、优化服务改革，最大限度减少政府对市场资源的直接配置，最大限度减少政府对市场活

动的直接干预，加强和规范__________监管，着力提升政务服务能力和水平，切实降低制度性交易成本，更大激发市场活力和社会创造力，增强发展动力。

答案：事中事后

2.《优化营商环境条例》第一章第六条规定，国家__________、__________、引导非公有制经济发展，激发非公有制经济活力和创造力。

答案：鼓励　支持

3.《优化营商环境条例》第二章第十四条规定，禁止在法律、法规规定之外要求市场主体提供__________、__________或者__________的摊派行为。市场主体有权拒绝任何形式的摊派。

答案：财力　物力　人力

4.《优化营商环境条例》第三章第十九条规定，国家持续深化商事制度改革，统一企业登记业务规范，统一数据标准和平台服务接口，采用__________进行登记管理。

答案：统一社会信用代码

5.《优化营商环境条例》第三章第二十五条规定，设立政府性基金、涉企行政事业性收费、涉企保证金，应当有法律、行政法规依据或者经国务院批准。对政府性基金、涉企行政事业性收费、涉企保证金以及实行政府定价的经营服务性收费，实行__________管理并向社会公开。

答案：目录清单

6.《优化营商环境条例》第三章第二十八条规定：__________、__________、__________、__________等公用企事业单位应当向社会公开服务标准、资费标准等信息，为市场主体提供安全、便捷、稳定和价格合理的服务，不得强迫市场主体接受不合理的服务条件，不得以任何名义收取不合理费用。

答案：供水　供电　供气　供热

7.《优化营商环境条例》第五章第五十四条规定，国家推行“__________、__________”监管，除直接涉及公共安全和人民群众生命健康等特殊行业、重点领域外，市场监管领域的行政检查应当通过随机抽取检查对象、随机选派执法检查人员、抽查事项及查处结果及时向社会公开的方式进行。针对同一检查对象的多个检查事项，应当尽可能合并或者纳入跨部门联合抽查范围。

答案：双随机　一公开

二、不定项选择题

1.《优化营商环境条例》第二章第十二条规定，国家保障各类市场主体依法平等使用（　　）及其他自然资源等各类生产要素和公共服务资源。

A. 资金　　B. 技术

C. 人力资源　　D. 土地使用权

答案：ABCD

2.《优化营商环境条例》第二章第十三条规定，招标投标和政府采购应当（　　）对待各类所有制和不同地区的市场主体，不得以不合理条件或者产品产地来源等进行限制或者排斥。

A. 公开透明　　B. 公平公正

C. 依法平等　　D. 公平严明

答案：ABC

3.《优化营商环境条例》第三章第二十七条规定，国家促进多层次资本市场规范健康发展，拓宽市场主体融资渠道，支持符合条件的民营企业、中小企业依法发行（　　）以及其他融资工具，扩大直接融资规模。

A. 股票　　B. 债券

C. 现金　　D. 集资

答案：AB

4.《优化营商环境条例》第四章第三十六条：政府及其有关部门办理政务服务事项，应当根据实际情况，推行（　　）等制度，实现集中办理、就近办理、网上办理、异地可办。需要市场主体补正有关材料、手续的，应当一次性告知需要补正的内容；需要进行现场踏勘、现场核查、技术审查、听证论证的，应当及时安排、限时办结。

A. 当场办结　　B. 一次办结

C. 限时办结　　D. 20min 办结

答案：ABC

5.《优化营商环境条例》第五章第五十五条规定，政府及其有关部门应当按照鼓励创新的原则，对（　　）等实行包容审慎监管，针对其性质、特点分类制定和实行相应的监管规则和标准，留足发展空间，同时确保质量和安全，不得简单化予以禁止或者不予监管。

A. 新技术　　B. 新产业

C. 新业态　　D. 新模式

答案：ABCD

6.《优化营商环境条例》第五章第五十九条规定，行政执法中应当推广运用（　　）等非强制性手段，依法慎重实施行政强制。采用非强制性手段能够达到行政管理目的的，不得实施行政强制；违法行为情节轻微或者社会危害较小的，可以不实施行政强制；确需实施行政强制的，应当尽可能减少对市场主体正常生产经营活动的影响。

A. 说服教育　　B. 劝导示范

C. 行政指导　　D. 培训说明

答案：ABC

7.《优化营商环境条例》第六章第六十二条规定，制定与市场主体生产经营活动密切相关的行政法规、规章、行政规范性文件，应当按照国务院的规定，充分听取市场主体、行业协会商会的意见。除依法需要保密外，制定与市场主体生产经营活动密切相关的行政法规、规章、行政规范性文件，应当通过报纸、网络等向社会公开征求意见，并建立健全意见采纳情况反馈机制。向社会公开征求意见的期限一般不少于（　　）日。

A. 30　　B. 20

C. 10　　　　　　　　　　D. 5

答案：A

三、判断题

1.《优化营商环境条例》第一章第二条规定，营商环境是指企业等市场主体在市场经济活动中所涉及的体制机制性因素和条件。(　　)

答案：√

2.《优化营商环境条例》第三章第二十条规定，国家持续放宽市场准入，并实行全国统一的市场准入负面清单制度。市场准入负面清单以外的领域，各类市场主体均可以依法平等进入。各地区、各部门不得另行制定市场准入性质的负面清单。(　　)

答案：√

3.《优化营商环境条例》第三章第三十二条规定，国家机关、事业单位不得违约拖欠市场主体的货物、工程、服务等账款，大型企业不得利用优势地位拖欠中小企业账款。(　　)

答案：√

4.《优化营商环境条例》第四章第四十条规定，对已取消的行政许可，行政机关不得继续实施或者变相实施，不得转由行业协会商会或者其他组织实施。(　　)

答案：√

5.《优化营商环境条例》第四章第四十五条规定，政府及其有关部门应当按照国家促进跨境贸易便利化的有关要求，依法削减进出口环节审批事项，取消不必要的监管要求，优化简化通关流程，提高通关效率，清理规范口岸收费，降低通关成本，推动口岸和国际贸易领域相关业务统一通过国际贸易“单一窗口”办理。(　　)

答案：√

四、简答题

1.《优化营商环境条例》第六章第七十条规定，公用企事业单位有哪些情形的，由有关部门责令改正，依法追究法律责任?

答案：公用企事业单位有下列情形之一的，由有关部门责令改正，依法追究法律责任：

（1）不向社会公开服务标准、资费标准、办理时限等信息；

（2）强迫市场主体接受不合理的服务条件；

（3）向市场主体收取不合理费用。

2.《优化营商环境条例》第六章第七十一条规定，行业协会商会、中介服务机构有哪些情形的，由有关部门责令改正，依法追究法律责任?

答案：行业协会商会、中介服务机构有下列情形之一的，由有关部门责令改正，依法追究法律责任：

（1）违法开展收费、评比、认证等行为；

（2）违法干预市场主体加入或者退出行业协会商会等社会组织；

（3）没有法律、法规依据，强制或者变相强制市场主体参加评比、达标、表彰、培训、考核、考试以及类似活动，或者借前述活动向市场主体收费或者变相收费；

（4）不向社会公开办理法定行政审批中介服务的条件、流程、时限、收费标准；

（5）违法强制或者变相强制市场主体接受中介服务。

第八节 电力设施保护条例

一、填空题

1.《电力设施保护条例》第一章第三条规定，电力设施的保护，实行＿＿＿＿＿、＿＿＿＿＿、＿＿＿＿＿和＿＿＿＿＿相结合的原则。

答案：电力管理部门　公安部门　电力企业　人民群众

2.《电力设施保护条例》第一章第五条规定，国务院电力管理部门对电力设施的保护负责＿＿＿＿＿、＿＿＿＿＿、＿＿＿＿＿和＿＿＿＿＿。

答案：监督　检查　指导　协调

3.《电力设施保护条例》第二章第九条规定，电力调度设施是指电力调度场所、＿＿＿＿＿设施、＿＿＿＿＿设施、＿＿＿＿＿设施。

答案：电力调度通信　电网调度自动化　电网运行控制

4.《电力设施保护条例》第二章第十条规定，电力电缆线路保护区：地下电缆为电缆线路地面标桩两侧各＿＿＿＿＿m所形成的两平行线内的区域；海底电缆一般为线路两侧各2海里（港内为两侧各100m），江河电缆一般不小于线路两侧各＿＿＿＿＿m（中、小河流一般不小于各50m）所形成的两平行线内的水域。

答案：0.75　100

5.《电力设施保护条例》第二章第十条规定，1～10kV架空电力线路保护区，导线边线向外侧水平延伸并垂直于地面所形成的两平行面内的区域，导线的边线延伸距离＿＿＿＿＿m。

答案：5

6.《电力设施保护条例》第四章第二十条规定，电力设施的建设和保护应尽量避免或减少给＿＿＿＿＿、＿＿＿＿＿和＿＿＿＿＿造成的损失。

答案：国家　集体　个人

7.《电力设施保护条例》第四章第二十四条规定，新建、改建或扩建电力设施，需要损害农作物，砍伐树木、竹子，或拆迁建筑物及其他设施的，电力建设企业应按照国家有关规定给予＿＿＿＿＿补偿。

答案：一次性

二、不定项选择题

1.《电力设施保护条例》第一章第六条规定，县以上地方各级电力管理部门保护电力设施的职责是（　　）。

A. 监督、检查本条例及根据本条例制定的规章的贯彻执行

B. 开展保护电力设施的宣传教育工作

C. 会同有关部门及沿电力线路各单位，建立群众护线组织并健全责任制

D. 会同当地公安部门，负责所辖地区电力设施的安全保卫工作

答案：ABCD

2.《电力设施保护条例》第一章第八条规定，发电设施、变电设施的保护范围是（　　）。

A. 发电厂　　B. 变电站

C. 换流站　　D. 开关站

答案：ABCD

3.《电力设施保护条例》第三章第十五条　任何单位或个人在架空电力线路保护区内，必须遵守（　　）规定。

A. 不得堆放谷物、草料、垃圾、矿渣、易燃物、易爆物及其他影响安全供电的物品

B. 不得烧窑、烧荒

C. 不得兴建建筑物、构筑物

D. 不得种植可能危及电力设施安全的植物

答案：ABCD

4.《电力设施保护条例》第四章第二十四条规定，在依法划定的电力设施保护区内种植的或自然生长的可能危及电力设施安全的（　　），电力企业应依法予以修剪或砍伐。

A. 树木　　B. 竹子

C. 田地　　D. 荒地

答案：AB

5.《电力设施保护条例》第三章第十四条规定，任何单位或个人，不得从事下列（　　）危害电力线路设施的行为。

A. 向电力线路设施射击

B. 向导线抛掷物体

C. 在架空电力线路导线两侧各 300m 的区域内放风筝

D. 擅自在导线上接用电器设备

答案：ABCD

6.《电力设施保护条例》第三章第十四条规定，任何单位或个人，不得从事下列（　　）危害电力线路设施的行为。

A. 擅自攀登杆塔或在杆塔上架设电力线、通信线、广播线，安装广播喇叭

B. 利用杆塔、拉线作起重牵引地锚

C. 在杆塔、拉线上拴牲畜、悬挂物体、攀附农作物

D. 在杆塔、拉线基础的规定范围内取土、打桩、钻探、开挖或倾倒酸、碱、盐及其他有害化学物品

答案：ABCD

7.《电力设施保护条例》第三章第十四条规定，任何单位或个人，不得从事下列（　　）危害电力线路设施的行为。

A. 在杆塔内（不含杆塔与杆塔之间）或杆塔与拉线之间修筑道路

B. 拆卸杆塔或拉线上的器材，移动、损坏永久性标志或标志牌

C. 窃电

D. 其他危害电力线路设施的行为

答案：ABD

三、判断题

1.《电力设施保护条例》第一章第四条规定，电力设施受国家法律保护，禁止任何单位或个人从事危害电力设施的行为。任何单位和个人都有保护电力设施的义务，对危害电力设施的行为，有权制止并向电力管理部门、公安部门报告。(　　)

答案：√

2.《电力设施保护条例》第二章第九条规定，电力电缆线路保护范围包括架空、地下、水底电力电缆和电缆联结装置，电缆管道、电缆隧道、电缆沟、电缆桥，电缆井、盖板、入孔、标石、水线标志牌及其有关辅助设施。(　　)

答案：√

3.《电力设施保护条例》第四章第二十一条规定，新建架空电力线路不得跨越储存易燃、易爆物品仓库的区域；一般不得跨越房屋，特殊情况需要跨越房屋时，电力建设企业应采取安全措施，并与有关单位达成协议。(　　)

答案：√

4.《电力设施保护条例》第五章第二十七条规定，违反电力设施保护条例规定，危害发电设施、变电设施和电力线路设施的，由电力管理部门责令改正；拒不改正的，处1万元以下的罚款。(　　)

答案：√

5.《电力设施保护条例》第二章第十条规定，各级电压导线边线延伸的距离，不应小于导线边线在最大计算弧垂及最大计算风偏后的水平距离和风偏后距建筑物的安全距离之和。(　　)

答案：√

四、简答题

1. 根据《电力设施保护条例》第二章第九条规定，请简述电力线路设施的保护范围。

答案：架空电力线路保护范围包括杆塔、基础、拉线、接地装置、导线、避雷线、金具、绝缘子、登杆塔的爬梯和脚钉，导线跨越航道的保护设施，巡（保）线站，巡视检修专用道路、船舶和桥梁，标志牌及其有关辅助设施。

2.《电力设施保护条例》第三章第十八条规定，任何单位或个人不得从事哪些危害电力设施建设的行为?

答案：任何单位或个人不得从事有下列危害电力设施建设的行为：

（1）非法侵占电力设施建设项目依法征收的土地；
（2）涂改、移动、损害、拔除电力设施建设的测量标桩和标记；
（3）破坏、封堵施工道路，截断施工水源或电源。

第九节　中华人民共和国民法典

一、填空题

1.《中华人民共和国民法典》是__________年__________月__________日第十三届全国人民代表大会第三次会议通过的。

答案：2020　5　28

2.《中华人民共和国民法典》第六百五十四条规定，用电人应当按照国家有关规定和当事人的约定及时支付电费。用电人逾期不支付电费的，应当按照约定支付违约金。经催告用电人在合理期限内仍不支付__________和__________的，供电人可以按照国家规定的程序中止供电。

答案：电费　违约金

3.《中华人民共和国民法典》第六百五十五条规定，用电人应当按照国家有关规定和当事人的约定__________、__________和__________用电。用电人未按照国家有关规定和当事人的约定用电，造成供电人损失的，应当承担赔偿责任。

答案：安全　节约　计划

4.《中华人民共和国民法典》第一千二百六十条规定，本法自__________年__________月__________日起施行。

答案：2021　1　1

二、不定项选择题

1.《中华人民共和国民法典》第六百五十二条规定，供电人因供电设施（　　）等原因，需要中断供电时，应当按照国家有关规定事先通知用电人；未事先通知用电人中断供电，造成用电人损失的，应当承担赔偿责任。

A. 计划检修　　B. 临时检修
C. 依法限电　　D. 用电人违法用电

答案：ABCD

2.《中华人民共和国民法典》第六百五十三条规定，因（　　）等原因断电，供电人应当按照国家有关规定及时抢修；未及时抢修，造成用电人损失的，应当承担赔偿责任。

A. 自然灾害　　B. 临时检修
C. 依法限电　　D. 违法用电

答案：A

三、判断题

1.《中华人民共和国民法典》第六百四十八条规定，供用电合同是供电人向用电人供电，用电人支付电费的合同。向社会公众供电的供电人，不得拒绝用电人合理的订立合同要求。(　　)

答案：√

2.《中华人民共和国民法典》第六百五十条规定，供用电合同的履行地点，按照当事人约定；当事人没有约定或者约定不明确的，供电设施的产权分界处为履行地点。(　　)

答案：√

3.《中华人民共和国民法典》第六百五十一条规定，供电人应当按照国家规定的供电质量标准和约定安全供电。供电人未按照国家规定的供电质量标准和约定安全供电，造成用电人损失的，应当承担赔偿责任。(　　)

答案：√

四、简答题

根据《中华人民共和国民法典》第六百四十九条规定，供用电合同的内容一般包括哪些内容?

答案：供用电合同的内容一般包括供电的方式、质量、时间，用电容量、地址、性质，计量方式，电价、电费的结算方式，供用电设施的维护责任等条款。

第二章 供电服务相关标准及规定

第一节 供电服务质量标准

一、填空题

1. Q/GDW 1403—2014《国家电网公司供电服务质量标准》规定，在电力系统非正常状况下，供电频率允许偏差不应超过__________。

答案：±1.0Hz

2. Q/GDW 1403—2014《国家电网公司供电服务质量标准》规定，在电力系统正常状况下，供电企业供到用户受电端的供电电压允许偏差为：35kV及以上电压供电的，电压正、负偏差的绝对值之和不超过标称电压的__________。

答案：10%

3. Q/GDW 1403—2014《国家电网公司供电服务质量标准》规定，供电方案答复期限：居民用户不超过__________个工作日，其他低压电力客户不超过__________个工作日。

答案：3　7

4. Q/GDW 1403—2014《国家电网公司供电服务质量标准》规定，向高压客户提交拟签订的供用电合同文本（包括电费结算协议、调度协议、并网协议）期限：自受电工程设计文件和有关资料审核通过后，不超过__________个工作日。

答案：7

5. Q/GDW 1403—2014《国家电网公司供电服务质量标准》规定，对__________工程，送电后应由95598客服代表100%回访客户。

答案：高压业扩

6. Q/GDW 1403—2014《国家电网公司供电服务质量标准》规定，客户要求订阅电费信息的，应至少在__________前5天提供。

答案：交费截止日

7. Q/GDW 1403—2014《国家电网公司供电服务质量标准》规定，居民用户更名、过户业务在正式受理且费用结清后，__________个工作日内办理完毕。暂停、临时性减容（无工程的）业务在正式受理后，__________个工作日内办理完毕。

答案：5　5

8. Q/GDW 1403—2014《国家电网公司供电服务质量标准》规定，分布式电源项目受理并网验收及并网调试申请后，10个工作日内完成__________和__________安装服务。

答案：关口计量　发电量计量装置

9. Q/GDW 1403—2014《国家电网公司供电服务质量标准》规定，受供电企业委托的银行及其他代办机构营业窗口应悬挂__________标识，并明确告知客户其收费方式和时间。

答案：委托代收电费

10. Q/GDW 1403—2014《国家电网公司供电服务质量标准》规定，受理客户服务申请后：电能表异常业务__________个工作日内处理。

答案：5

11. Q/GDW 1403—2014《国家电网公司供电服务质量标准》规定，客户欠电费需依法采取停电措施的，提前__________天送达停电通知，费用结清后__________h 内恢复供电。

答案：7　　24

12. Q/GDW 1403—2014《国家电网公司供电服务质量标准》规定，客户交费__________、__________、__________等信息发生变更时，应至少在变更前 3 个工作日告知客户。

答案：日期　　地点　　银行账号

13. Q/GDW 1403—2014《国家电网公司供电服务质量标准》规定，当__________或__________不能保证连续供电的，应执行政府批准的有序用电方案。

答案：电力供应不足　　因电网原因

14. Q/GDW 1403—2014《国家电网公司供电服务质量标准》规定，低压客户电能表换装前，应在小区和单元张贴告知书，或在物业公司（村委会）备案；换装电能表前应对装在现场的原电能表进行底度拍照，拆回的电能表应在表库至少存放__________个抄表或__________周期。

答案：1　　电费结算

15. Q/GDW 1403—2014《国家电网公司供电服务质量标准》规定，接到客户反映电费差错，经核实确实由供电企业引起的，应于__________个工作日内将差错电量电费退还给客户，涉及现金款项退费的应于__________个工作日内完成。

答案：7　　10

16. Q/GDW 1403—2014《国家电网公司供电服务质量标准》规定，客户是指可能或已经与供电企业建立供用电关系的__________或__________。

答案：组织　　个人

17. Q/GDW 1403—2014《国家电网公司供电服务质量标准》规定，供电客户服务渠道是指供电企业与客户进行交互、提供服务的__________。

答案：具体途径

18. Q/GDW 1403—2014《国家电网公司供电服务质量标准》规定，0.4～220kV 各级总谐波畸变率是：0.4kV 为 5.0%，6～10kV 为 4.0%，35～66kV 为 3.0%，110～220kV 为 2.0%。

答案：公用电网电压（相电压）

19. Q/GDW 1403—2014《国家电网公司供电服务质量标准》规定，抢修人员若因特殊恶劣天气或交通堵塞等__________无法按规定时限到达现场的，应在规定时限内与客户联系、说明情况并预约到达现场时间，经客户同意后按预约时间到达现场。

答案：客观因素

20. Q/GDW 1403—2014《国家电网公司供电服务质量标准》规定，受理客户__________、__________、__________业务后，应在10个工作日内答复客户。

答案：举报　建议　意见

二、不定项选择题

1. Q/GDW 1403—2014《国家电网公司供电服务质量标准》规定，在电力系统正常状况下，电网装机容量在300万kW及以上的，供电频率的允许偏差为（　　）Hz；电网装机容量在300万kW以下的，供电频率的允许偏差为（　　）Hz。

A. ±0.1，±0.5　　B. ±0.2，±0.5

C. ±0.2，±0.4　　D. ±0.2，±0.6

答案：B

2. Q/GDW 1403—2014《国家电网公司供电服务质量标准》规定，城市客户年平均停电时间不超过（　　）h［对应供电可靠率不低于（　　）%］。

A. 32.5，99.6　　B. 32.5，99.0

C. 37.5，99.6　　D. 37.5，99.0

答案：C

3. Q/GDW 1403—2014《国家电网公司供电服务质量标准》规定，（　　）是电力供应过程中，企业为满足客户获得和使用电力产品的各种相关需求的一系列活动的总称。

A. 供电客户服务　　B. 优质服务

C. 供电客户活动　　D. 客服活动

答案：A

4. Q/GDW 1403—2014《国家电网公司供电服务质量标准》规定，供电企业通过（　　）与客户进行交互、提供服务的途径，包括95598智能互动网站、APP（移动客户端）、供电服务微信公众号、数字电视媒体等。

A. 电话　　B. 终端

C. 网络　　D. 面对面

答案：C

5. Q/GDW 1403—2014《国家电网公司供电服务质量标准》规定，电网正常运行时，电力系统公共连接点负序电压不平衡度允许值为（　　），短时不得超过4%。

A. 5%　　B. 4%

C. 3%　　D. 2%

答案：D

6. Q/GDW 1403—2014《国家电网公司供电服务质量标准》规定，在电力系统正常状况下，供电企业供到用户受电端的供电电压允许偏差为：10kV及以下三相供电的，为标称电压的（　　）。

A. +7%，-10%　　B. ±10%

C. ±7%　　D. +10%，-7%

答案：C

7. Q/GDW 1403—2014《国家电网公司供电服务质量标准》规定，在电力系统非正常状况下，用户受电端的电压最大允许偏差不应超过标称电压的（　　）。

A. +7%，-10%　　B. ±10%

C. ±7%　　D. +10%，-7%

答案：B

8. Q/GDW 1403—2014《国家电网公司供电服务质量标准》规定，供电设备计划检修时，对35kV及以上电压供电的用户，每年停电不应超过（　　）次；对10kV供电的用户，每年停电不应超过（　　）次。

A. 2，3　　B. 1，2

C. 3，5　　D. 1，3

答案：D

9. Q/GDW 1403—2014《国家电网公司供电服务质量标准》规定，居民客户收费办理时间一般每件不超过（　　）min，用电业务办理时间一般每件不超过（　　）min。

A. 10，20　　B. 15，30

C. 5，20　　D. 5，30

答案：C

10. Q/GDW 1403—2014《国家电网公司供电服务质量标准》规定，电子渠道应（　　）h受理客户需求，如需人工确认的，电子客服代表在（　　）个工作日内与客户确认。

A. 24，1　　B. 24，2

C. 8，1　　D. 8，2

答案：A

11. Q/GDW 1403—2014《国家电网公司供电服务质量标准》规定，现场工作结束后应立即清理，不能遗留废弃物，做到（　　）。

A. 现场整洁　　B. 现场清洁

C. 设备、场地整洁　　D. 设备、场地清洁

答案：C

12. Q/GDW 1403—2014《国家电网公司供电服务质量标准》规定，供电方案答复期限：高压单电源客户不超过（　　）个工作日，高压双电源客户不超过（　　）个工作日。

A. 10，30　　B. 10，15

C. 15，30　　D. 15，15

答案：C

13. Q/GDW 1403—2014《国家电网公司供电服务质量标准》规定，对客户送审的受电工程设计文件和有关资料答复期限：自受理之日起，高压供电的不超过（　　）个工作日；低压供电的不超过（　　）个工作日。

A. 30，8　　B. 30，10

C. 20，8　　D. 20，10

答案：C

14. Q/GDW 1403—2014《国家电网公司供电服务质量标准》规定，受理客户服务申请后：电器损坏核损业务（　　）h 内到达现场；电能表异常业务（　　）个工作日内处理。

A. 24，7　　B. 24，5

C. 48，7　　D. 48，5

答案：B

15. Q/GDW 1403—2014《国家电网公司供电服务质量标准》规定，对专线进行计划停电，应（　　），并按（　　）执行。

A. 告知客户，计划　　B. 不告知客户，需要

C. 不与客户协商，计划　　D. 与客户进行协商，协商结果

答案：D

16. Q/GDW 1403—2014《国家电网公司供电服务质量标准》规定，向高压客户提交拟签订的电费结算协议期限：自受电工程设计文件和有关资料审核通过后，不超过（　　）个工作日。

A. 3　　B. 5

C. 7　　D. 10

答案：C

17. Q/GDW 1403—2014《国家电网公司供电服务质量标准》规定，非居民客户向供电企业申请用电，受电工程验收合格并办理相关手续后，（　　）个工作日内送电。

A. 3　　B. 4

C. 5　　D. 7

答案：C

18. Q/GDW 1403—2014《国家电网公司供电服务质量标准》规定，受理客户咨询时，对不能当即答复的，应说明原因，并在（　　）个工作日内回复。

A. 3　　B. 4

C. 5　　D. 7

答案：C

19. Q/GDW 1403—2014《国家电网公司供电服务质量标准》规定，对客户（　　），均应以书面形式一次性完整告知。

A. 业务办理流程　　B. 用电申请资料的缺件情况

C. 受电工程设计文件的审核意见　　D. 中间检查和竣工检验的整改意见

答案：BCD

20. Q/GDW 1403—2014《国家电网公司供电服务质量标准》规定，因供电设施计划检修需要停电的，提前 7 天公告（　　）。

A. 停电区域　　B. 恢复供电的时间

C. 停电线路　　D. 停电时间

答案：ACD

21. Q/GDW 1403—2014《国家电网公司供电服务质量标准》规定，供电营业厅应准确公示（　　）。

A. 服务承诺　　B. 服务项目

C. 业务办理流程　　D. 投诉监督电话

答案：ABCD

22. Q/GDW 1403—2014《国家电网公司供电服务质量标准》规定，外呼时应（　　）。

A. 首先问候客户　　B. 进行自我介绍

C. 确认客户身份　　D. 结束通话使用标准结束语

答案：ABCD

23. Q/GDW 1403—2014《国家电网公司供电服务质量标准》规定，客户体验轨迹指的是客户在一个服务渠道中所感知的被服务的有序过程的总称。该轨迹包括（　　）等阶段。

A. 未入渠道　　B. 进入渠道

C. 等待服务　　D. 接受服务

答案：ABCD

24. Q/GDW 1403—2014《国家电网公司供电服务质量标准》规定，供电企业实现客户服务的过程中，向客户提供的各项服务资源的基本配置要求，包括（　　）等，简称“客户服务提供标准”。

A. 服务功能　　B. 服务环境

C. 服务方式　　D. 服务流程

答案：ABCD

25. Q/GDW 1403—2014《国家电网公司供电服务质量标准》规定，对客户受电工程启动中间检查的期限，自受理客户申请之日起，低压供电客户不超过（　　）个工作日，高压供电客户不超过（　　）个工作日。

A. 5，5　　B. 3，5

C. 3，7　　D. 5，7

答案：B

26. Q/GDW 1403—2014《国家电网公司供电服务质量标准》规定，对客户受电工程启动竣工检验的期限，自受理客户受电装置竣工报告和检验申请之日起，低压供电客户不超过（　　）个工作日，高压供电客户不超过（　　）个工作日。

A. 5，5　　B. 3，5

C. 3，7　　D. 5，7

答案：D

27. Q/GDW 1403—2014《国家电网公司供电服务质量标准》规定，客户查询故障抢修情况时，应告知客户当前（　　）。

A. 抢修进度　　B. 抢修原因

C. 抢修时间　　D. 抢修结果

答案：AD

28. Q/GDW 1403—2014《国家电网公司供电服务质量标准》规定，供电营业厅的服务功能“业务办理”指受理各类用电业务，包括（　　）咨询、投诉、举报和建议，客户信息更新等。

A. 客户新装、增容及变更用电申请　　B. 故障报修

C. 校表　　D. 信息订阅

答案：ABCD

三、判断题

1. Q/GDW 1403—2014《国家电网公司供电服务质量标准》规定，供电方案答复期限：居民客户不超过5个工作日，其他低压电力客户不超过7个工作日，高压单电源客户不超过15个工作日，高压双电源客户不超过30个工作日。（　　）

答案：×

2. Q/GDW 1403—2014《国家电网公司供电服务质量标准》规定，城乡居民客户向供电企业申请用电，受电装置检验合格并办理相关手续后，3个工作日内送电。非居民客户向供电企业申请用电，受电工程验收合格并办理相关手续后，5个工作日内送电。（　　）

答案：√

3. Q/GDW 1403—2014《国家电网公司供电服务质量标准》规定，95598服务热线应24h保持畅通。（　　）

答案：√

4. Q/GDW 1403—2014《国家电网公司供电服务质量标准》规定，95598客服代表应在振铃4声（12s）内接听，使用标准欢迎语。（　　）

答案：×

5. Q/GDW 1403—2014《国家电网公司供电服务质量标准》规定，进入客户现场时，服务人员应统一着装、佩戴工号牌（工作牌），并主动表明身份、出示证件。协作人员应统一着装。（　　）

答案：√

6. Q/GDW 1403—2014《国家电网公司供电服务质量标准》规定，对高压业扩工程，送电后应由业务受理人员100%回访客户。（　　）

答案：×

7. Q/GDW 1403—2014《国家电网公司供电服务质量标准》规定，严禁为客户指定设计、施工、供货单位。（　　）

答案：√

8. Q/GDW 1403—2014《国家电网公司供电服务质量标准》规定，对客户用电申请资料的缺件情况、受电工程设计文件的审核意见、中间检查和竣工检验的整改意见，均应

以书面形式告知用户，由双方签字确认并存档。（　　）

答案：×

9. Q/GDW 1403—2014《国家电网公司供电服务质量标准》规定，抢修人员若因特殊恶劣天气或交通堵塞等客观因素无法按规定时限到达现场的，应在规定时限内与客户联系、说明情况并预约到达现场时间，经客户同意后按预约时间到达现场。（　　）

答案：√

10. Q/GDW 1403—2014《国家电网公司供电服务质量标准》规定，客户查询故障抢修情况时，应告知客户停电原因。（　　）

答案：×

11. Q/GDW 1403—2014《国家电网公司供电服务质量标准》规定，受理客户投诉后，1 个工作日内联系客户，6 个工作日内答复客户。（　　）

答案：×

12. Q/GDW 1403—2014《国家电网公司供电服务质量标准》规定，分布式电源项目在电能计量装置安装、合同和协议签署完毕后，10 个工作日内组织并网验收及并网调试。（　　）

答案：√

13. Q/GDW 1403—2014《国家电网公司供电服务质量标准》规定，低压客户计量装置换装后，应请客户核对表计底数并签字确认。（　　）

答案：×

14. Q/GDW 1403—2014《国家电网公司供电服务质量标准》规定，对公线进行计划停电，应与客户进行协商，并按协商结果执行。（　　）

答案：×

四、简答题

1. Q/GDW 1403—2014《国家电网公司供电服务质量标准》中对分布式电源项目接入系统方案时限有何规定？

答案：分布式电源项目接入系统方案时限如下：

（1）受理接入申请后，10kV 及以下电压等级接入、且单个并网点总装机容量不超过 6MW 的分布式电源项目不超过 40 个工作日；

（2）受理接入申请后，35kV 电压等级接入，年自发自用电量大于 50% 的分布式电源项目不超过 60 个工作日；

（3）受理接入申请后，10kV 电压等级接入且单个并网点总装机容量超过 6MW，年自发自用电量大于 50% 的分布式电源项目不超过 60 个工作日。

2. Q/GDW 1403—2014《国家电网公司供电服务质量标准》中对受理客户服务申请的相关规定有哪些？

答案：受理客户服务申请后：

（1）电器损坏核损业务 24h 内到达现场；

（2）电能表异常业务 5 个工作日内处理；

（3）抄表数据异常业务 7 个工作日内核实；

（4）其他服务申请类业务 6 个工作日内处理完毕。

3. Q/GDW 1403—2014《国家电网公司供电服务质量标准》中规定“服务渠道质量标准”包含哪些内容？

答案：（1）供电营业厅应准确公示服务承诺、服务项目、业务办理流程、投诉监督电话、电价和收费标准。

（2）居民客户收费办理时间一般每件不超过 5min，用电业务办理时间一般每件不超过 20min。

（3）95598 服务热线应 24h 保持畅通。

（4）95598 客服代表应在振铃 3 声（12s）内接听，使用标准欢迎语。外呼时应首先问候，自我介绍，确认客户身份；一般情况下不得先于客户挂断电话，结束通话应使用标准结束语。

（5）电子渠道应 24h 受理客户需求，如需人工确认的，电子客服代表在 1 个工作日内与客户确认。

（6）进入客户现场时，服务人员应统一着装、佩戴工号牌（工作牌），并主动表明身份、出示证件。协作人员应统一着装。

（7）现场工作结束后应立即清理，不能遗留废弃物，做到设备、场地整洁。

（8）受供电企业委托的银行及其他代办机构营业窗口应悬挂委托代收电费标识，并明确告知客户其收费方式和时间。

第二节　95598 客户服务业务管理办法

一、填空题

1.《国家电网公司 95598 客户服务业务管理办法》（国家电网企管〔2016〕41 号）规定，本办法涉及的 95598 停送电信息指影响客户供电的停送电信息，分为生产类停送电信息和营销类停送电信息。生产类停送电信息包括__________、临时停电、电网故障停限电和超电网供电能力停限电等。

答案：计划停电

2.《国家电网公司 95598 客户服务业务管理办法》规定，具备远程终端或手持终端的单位，抢修人员到达故障现场后__________min 内将到达现场时间录入系统，抢修完毕后__________min 内抢修人员填单向本单位调控中心反馈结果，调控中心__________min 内完成工单审核、回复工作。

答案：5　5　30

3.《国家电网公司 95598 客户服务业务管理办法》规定，国网客服中心受理客户诉求后，应落实__________负责制。

答案：首问

4.《国家电网公司95598客户服务业务管理办法》规定，95598业务在途未超时限工单，办理周期未过半的工单由__________向客户解释。

答案：国网客服中心

5.《国家电网公司95598客户服务业务管理办法》规定，国网客服中心受理客户催办诉求后应关联被催办工单，__________min内派发至省客服中心，省客服中心在__________min内派单至业务处理部门。

答案：10　10

6.《国家电网公司95598客户服务业务管理办法》规定，服务申请业务处理时限要求：电器损坏核损业务__________h内到达现场，该项业务处理完毕后__________个工作日内回复工单。

答案：24　1

7.《国家电网公司95598客户服务业务管理办法》规定，__________负责对各省公司的95598工单进行抽查、跟踪和督办，定期分析、发布95598客户服务情况，并对相关单位提出管理和考核意见。

答案：国网营销部

8.《国家电网公司95598客户服务业务管理办法》规定，各省公司在接到或发起知识采集任务后__________个工作日内在知识库系统中完成知识编辑、审核工作。

答案：4

9.《国家电网公司95598客户服务业务管理办法》规定，配电自动化系统覆盖的设备跳闸停电后，营配信息融合未完成的单位，各部门按照专业管理职责__________min内编译停电信息报地市、县供电企业调控中心，调控中心应在收到各部门报送的停电信息后__________min内汇总报国网客服中心。

答案：10　10

10.《国家电网公司95598客户服务业务管理办法》规定，6项业务分类中，举报类业务关于窃电的方式包含：擅自接线、绕越计量装置、__________、故意损坏计量装置、电费充值卡业务、其他窃电。

答案：私自启封（或故意使计量装置不准）

11.《国家电网公司95598客户服务业务管理办法》规定，95598客户服务业务是指国网客服中心通过__________、__________等多种渠道受理的各类客户诉求业务。

答案：电话　网站

12.《国家电网公司95598客户服务业务管理办法》规定，对客户因窃电、违约用电、欠费等原因实施的停电，应及时在营销业务应用系统中维护__________标志。

答案：停电

13.《国家电网公司95598客户服务业务管理办法》规定，关于以下停送电信息报送，供电设施计划检修停电应提前8天；临时性日前停电应提前24h；其他临时停电应提前__________h完成停送电信息报送工作。

答案：1

14.《国家电网公司95598客户服务业务管理办法》规定，服务类投诉，客户针对同一事件在首次投诉办结后，连续__________个月内投诉__________次及以上且属实的，由上一级单位介入调查处理。

答案：2　3

15.《国家电网公司95598客户服务业务管理办法》规定，国网客服中心受理客户投诉诉求后，根据投诉客户重要程度及可能造成的影响等，按照特殊、重大、重要、一般确定事件的投诉等级，__________ min内派发工单。

答案：20

16.《国家电网公司95598客户服务业务管理办法》规定，除__________工单外，其他工单不允许合并。

答案：故障报修

17.《国家电网公司95598客户服务业务管理办法》规定，省公司和地市供电企业对工单接派单、工单处理、停送电信息报送、知识库信息报送、工单业务类型、城乡标志、客户评价等工单处理情况有异议时可提出__________。

答案：申诉

18.《国家电网公司95598客户服务业务管理办法》规定，省公司，地市、县供电企业应做好本单位营销业务应用系统中客户档案、__________、电量电费、__________、__________等信息更新和维护。

答案：业务流程　计量　用电检查

19.《国家电网公司95598客户服务业务管理办法》规定，按照客户投诉受理渠道，可将客户投诉分为95598客户投诉和__________。

答案：非95598客户投诉

20.《国家电网公司95598客户服务业务管理办法》规定，客户内部故障指__________的电力设施故障。

答案：产权分界点客户侧

21.《国家电网公司95598客户服务业务管理办法》规定，报修业务在客户挂断电话后__________ min内，客服代表应准确选择处理单位，派发至下一级接收单位。对回退的工单，派发单位应在回退后__________ min内重新核对受理信息并再次派发。

答案：2　3

22.《国家电网公司95598客户服务业务管理办法》规定，超电网供电能力需停电时，原则上应提前报送停限电范围及停送电时间，无法预判的停电拉路应在执行后__________ min内报送停限电范围、停送电时间。

答案：15

23.《国家电网公司95598客户服务业务管理办法》规定，对于特殊、重大投诉，由于客户原因导致回访不成功的，国网客服中心回访工作应满足：不少于__________天，每天不少于__________次，每次回访时间间隔不小于__________ h。

答案：5　3　2

24.《国家电网公司95598客户服务业务管理办法》规定，95598业务支撑应遵循__________、__________、__________、__________的原则。

答案：统一管理　分级负责　真实准确　及时发布

25.《国家电网公司 95598 客户服务业务管理办法》规定，95598 业务包括______、______、______、______、______、______、______、______、______等，除业务外，各项业务流程实行闭环管理。

答案：信息查询　业务咨询　故障报修　投诉　举报　建议　意见表扬　服务申请

26.《国家电网公司 95598 客户服务业务管理办法》规定，国网客服中心根据______及时维护、发布相关紧急播报信息。

答案：停电影响范围

27.《国家电网公司 95598 客户服务业务管理办法》规定，客户针对______重复投诉参照______处理。

答案：同一事件　投诉升级处置原则

28.《国家电网公司 95598 客户服务业务管理办法》规定，行风类及其他非营销类业务由各单位营销部及时转交相关管理部门办理，______部门要按照对外服务的承诺时限要求，提前______个工作日反馈本单位营销部，由营销部回复工单。

答案：承办　1

29.《国家电网公司 95598 客户服务业务管理办法》规定，已结清欠费的复电登记业务______ h 内为客户恢复送电，送电后______个工作日内回复工单。

答案：24　1

30.《国家电网公司 95598 客户服务业务管理办法》规定，电器损坏业务______ h 内到达故障现场核查，业务处理完毕后______个工作日内回复工单。

答案：24　1

31.《国家电网公司 95598 客户服务业务管理办法》规定，高速公路快充网络充电预约业务，客户预约时间小于______ min 的，应在客户挂机后______ min 内到达现场。

答案：45　45

32.《国家电网公司 95598 客户服务业务管理办法》规定，95598 客户服务流程各环节工作人员应准确选择______和______。

答案：业务分类　派发单位

33.《国家电网公司 95598 客户服务业务管理办法》规定，对于重大服务事件、重大投诉事件，各单位可通过______、______方式传递信息，及时处置，最大限度降低服务风险，事后应按照要求完善相关流程。

答案：电话　短信

34.《国家电网公司 95598 客户服务业务管理办法》规定，工单挂起原则上不超过______个工作日，涉及______的工单原则上不超过 60 个工作日。

答案：10　电网建设改造

35.《国家电网公司 95598 客户服务业务管理办法》规定，国网客服中心与省公司或地市、县供电企业在工单受理派发环节对同一张工单退单不得超过______次，若双方对__________、__________等有不同意见时，由业务流程下游单位接单，工单处理完毕后提出申诉。

答案：1　　工单信息　　分类选择

36.《国家电网公司 95598 客户服务业务管理办法》规定，原则上每日__________至次日__________期间不得开展客户回复（回访）工作。

答案：21：00　　8：00

37.《国家电网公司 95598 客户服务业务管理办法》规定，涉及__________赔偿、__________赔偿、__________赔偿的工单，地市、县供电企业已按相关规定答复处理，但客户提出的诉求不符合国家有关规定的，可通过“最终答复”的方式办结。

答案：青苗　　家电　　人身伤亡

38.《国家电网公司 95598 客户服务业务管理办法》规定，95598 业务申诉分为__________申诉和__________申诉。

答案：初次　　最终

39.《国家电网公司 95598 客户服务业务管理办法》规定，紧急知识采集按照__________发起单位要求办理。

答案：知识采集

二、不定项选择题

1. 根据《国家电网公司 95598 客户服务业务管理办法》的规定，下列说法错误的是（　　）。

A. 客服代表在回访客户前应熟悉工单的回复内容，将核心业务内容回访客户，不得通过阅读基层单位工单“回复内容”的方式回访客户

B. 如果确因客户原因回复（回访）不成功的，应在“回复（回访）内容”中写明失败原因，并将工单挂起

C. 国网客服中心在接到各省公司回复确认的工单后，除客户明确要求不需回复（回访）和约时回复（回访）的工单外，应按规定及时完成客户回复（回访）工作，并如实记录客户意见和满意度评价情况

D. 国网客服中心在回复（回访）客户过程中，当客户提出新的诉求时应派发新的工单，不应回退工单

答案：B

2.《国家电网公司 95598 客户服务业务管理办法》规定，（　　）负责组织编制公司 95598 服务规划，制定公司 95598 业务管理的相关管理制度、业务流程和标准规范。

A. 国网运检部　　B. 国调中心

C. 国网客服中心　　D. 国网营销部

答案：D

3.《国家电网公司 95598 客户服务业务管理办法》规定，地市、县供电企业营销部是本单位 95598 业务管理及业务支撑的归口管理部门，主要负责的工作不包括（　　）。

A. 负责监督和考核本单位 95598 客户服务工作质量和 95598 业务支撑工作质量，审核

发布本单位95598供电服务分析报告和专题分析报告，提出供电服务评价及考核意见

B. 负责接收上级转办的非抢修类95598工单，组织开展调查、核实、督办、整改、反馈处理意见等工作

C. 负责协调本省有关部门做好95598营销和生产信息的支撑工作

D. 负责本专业管理范围内生产类停送电信息编译工作，做好营销类停送电信息报送工作，负责停送电信息的用户通知工作

答案：C

4.《国家电网公司95598客户服务业务管理办法》规定，地市、县供电企业运检部是本单位故障抢修业务及其专业管理范围内95598业务的处理部门，主要负责的工作不包括（　　）。

A. 负责督导故障抢修物资、人员、车辆的管理工作

B. 负责做好本专业管理范围内故障抢修信息及生产类停送电信息编译工作

C. 配合省公司营销部开展话务及数据异常分析工作

D. 配合本单位营销部做好95598业务运营的相关支撑工作

答案：C

5. 根据《国家电网公司95598客户服务业务管理办法》的规定，下列说法错误的是（　　）。

A. 故障抢修类催办业务，客服代表应做好解释工作，并根据客户诉求派发催办工单

B. 客户催办时除客户提出新的诉求外，不应派发新的工单

C. 省公司，地市、县供电企业对派发区域、客户联系方式等信息错误、缺失或无客户有效信息的工单，填写退单原因后将工单回退至国网客服中心

D. 国网客服中心在回复（回访）过程中，对工单填写存在不规范、回复结果未对客户诉求逐一答复、回复结果违反有关政策法规、工单填写内容与回复（回访）客户结果不一致，且基层未提供有效证明材料或客户对基层单位提供证明材料有异议的，客户要求合理的，填写退单原因后将工单回退至工单提交部门

答案：A

6.《国家电网公司95598客户服务业务管理办法》规定，工单回复审核时发现工单回复内容存在（　　）情况，无需将工单回退。

A. 回复工单中未对客户投诉的问题进行答复或答复不全面的

B. 除保密、匿名工单外，未向客户反馈调查结果的

C. 提供相关95598客户投诉处理依据的

D. 承办部门回复内容明显违背公司相关规定或表述不清、逻辑混乱的

答案：C

7.《国家电网公司95598客户服务业务管理办法》规定，由于客户原因导致回复（回访）不成功的，国网客服中心应安排不少于（　　）次回复（回访），每次回复（回访）时间间隔不小于2h。如果确因客户原因回复（回访）不成功的，应在“回复（回访）内容”中写明原因，并办结工单。

A. 1　　　　B. 2

C. 3　　D. 4

答案：C

8.《国家电网公司 95598 客户服务业务管理办法》规定，投诉、举报、意见、建议、表扬、咨询、服务申请类催办业务，同一事件催办次数原则上不超过（　　）次。

A. 1　　B. 2

C. 3　　D. 4

答案：B

9.《国家电网公司 95598 客户服务业务管理办法》规定，申诉工单应包括（　　）等信息。

A. 工单编号、业务类型、申诉原因及目的、申诉依据和申诉人

B. 工单编号、申诉原因及目的、申诉依据和申诉人

C. 工单编号、业务类型、申诉依据和申诉人

D. 业务类型、申诉原因及目的、申诉依据和申诉人

答案：A

10.《国家电网公司 95598 客户服务业务管理办法》规定，针对各级客服代表的投诉工单，要流转至各单位（　　）处理，不得由所在部门处理。

A. 95598 考评部门　　B. 管理考评部门

C. 95598 管理考评部门　　D. 管理考核部门

答案：C

11.《国家电网公司 95598 客户服务业务管理办法》规定，涉及省直属单位和（　　）kV 及以上的 95598 工单，由各省客服中心接单。

A. 35　　B. 220

C. 500　　D. 800

答案：A

12.《国家电网公司 95598 客户服务业务管理办法》规定，供电设施计划检修停电应提前（　　）天，临时性日前停电应提前（　　）h，其他临时停电应提前（　　）h 完成停送电信息报送工作。

A. 7，24，1　　B. 8，24，2

C. 7，24，2　　D. 8，24，1

答案：D

13.《国家电网公司 95598 客户服务业务管理办法》规定，配电自动化系统覆盖的设备跳闸停电后，营配信息融合未完成的单位，各部门按照专业管理职责（　　）min 内编译停电信息报地市、县供电企业调控中心，调控中心应在收到各部门报送的停电信息后（　　）min 内汇总报国网客服中心。

A. 5，10　　B. 10，10

C. 10，15　　D. 15，20

答案：B

14.《国家电网公司 95598 客户服务业务管理办法》规定，超电网供电能力需停电

时，原则上应提前报送停限电范围及停送电时间，无法预判的停电拉路应在执行后（　　）min 内报送停限电范围及停送电时间。

A. 5　　　　B. 10

C. 15　　　　D. 20

答案：C

15.《国家电网公司 95598 客户服务业务管理办法》规定，停送电信息内容发生变化后（　　）min 内更新系统信息，并记录变更类型、变更说明、变更停送电时间等，以便及时答复客户。

A. 2　　　　B. 5

C. 10　　　　D. 20

答案：C

16.《国家电网公司 95598 客户服务业务管理办法》规定，省公司按照省级政府电力运行主管部门的指令启动有序用电方案，提前（　　）天向有关用户发送有序用电指令。

A. 1　　　　B. 3

C. 5　　　　D. 7

答案：A

17.《国家电网公司 95598 客户服务业务管理办法》规定，知识管理工作内容不包括（　　）。

A. 知识采集发布　　　　B. 知识下线

C. 知识分析与完善　　　　D. 知识编写

答案：D

18.《国家电网公司 95598 客户服务业务管理办法》规定，各省公司在接到或发起知识采集任务后（　　）个工作日内在知识库系统中完成知识编辑、审核工作。

A. 2　　　　B. 4

C. 6　　　　D. 7

答案：B

19.《国家电网公司 95598 客户服务业务管理办法》规定，各省公司营销部每（　　）年组织一次对知识库的全面审核，确保内容完整、准确、适用，满足客户化需求。

A. 1　　　　B. 2

C. 3　　　　D. 半

答案：B

20.《国家电网公司 95598 客户服务业务管理办法》规定，各省公司、国网客服中心应建立重大服务事件的（　　）机制，制订应急预案，协同联动，跟踪督办事件处理进度。

A. 快速反应　　　　B. 迅速反应

C. 及时反应　　　　D. 沟通协调

答案：A

21.《国家电网公司 95598 客户服务业务管理办法》规定，客户投诉包括（　　）类。

A. 2　　B. 3

C. 4　　D. 5

答案：D

22. 根据《国家电网公司 95598 客户服务业务管理办法》的规定，下列客户投诉分类正确的是（　　）。

A. 服务投诉、营业投诉、停送电投诉、电网建设投诉

B. 服务投诉、停送电投诉、供电质量投诉、电网建设投诉

C. 服务投诉、营业投诉、供电质量投诉、电网建设投诉

D. 服务投诉、营业投诉、停送电投诉、供电质量投诉、电网建设投诉

答案：D

23.《国家电网公司 95598 客户服务业务管理办法》规定，电网建设投诉指供电企业在电网建设（含施工行为）过程中存在供电设施改造不彻底、电力施工不规范等问题引发的客户投诉，主要包括（　　）等方面。

A. 供电设备安全、电力施工行为

B. 输配电供电设施安全、电力施工行为、供电能力、农网改造、施工人员服务态度及规范

C. 供电设施安全、供电施工行为

D. 供电设施安全、设备施工行为

答案：B

24.《国家电网公司 95598 客户服务业务管理办法》规定，通过（　　）等渠道受理的客户投诉，按照 95598 客户投诉处理流程和投诉分级原则，分别由相关部门处理。

A. 95598 电话、网站　　B. 信函、营业厅

C. 邮件、95598 电话　　D. 网站、营业厅

答案：A

25.《国家电网公司 95598 客户服务业务管理办法》规定，根据客户投诉的重要程度及可能造成的影响，将客户投诉（　　）个等级。

A. 2　　B. 3

C. 4　　D. 5

答案：C

26.《国家电网公司 95598 客户服务业务管理办法》规定，客户投诉等级分为（　　）。

A. 特殊、重大、重要　　B. 特殊、重大、一般

C. 特殊、重要、一般　　D. 特殊、重大、重要、一般

答案：D

27.《国家电网公司 95598 客户服务业务管理办法》规定，国网客服中心应在客户挂断电话后（　　）min 内完成投诉工单填写、审核、派单。被各单位退回的工单，国网客服中心重新核对受理信息，（　　）min 内重新处理或派发。

A. 15，30　　B. 20，45

C. 20，60　　D. 30，60

答案：C

28.《国家电网公司95598客户服务业务管理办法》规定，对于重要投诉工单，国网客服中心在派发工单后（　　）min内通过电话、邮件、短信等方式告知所属单位省客服中心，并跟踪各省公司的处理进度。

A. 10　　B. 20

C. 30　　D. 40

答案：C

29.《国家电网公司95598客户服务业务管理办法》规定，客户通过其他方式向国网客服中心进行投诉的，国网客服中心应及时派发，相关要求参照（　　）办理。

A. 电话受理要求　　B. 业务受理要求

C. 电话服务规范　　D. 95598电话受理要求

答案：D

30.《国家电网公司95598客户服务业务管理办法》规定，重大、重要投诉，承办部门按照优先处理的原则开展调查、落实，每（　　）向上级主管部门汇报一次工作进度。

A. 小时　　B. 日

C. 半天　　D. 2天

答案：B

31.《国家电网公司95598客户服务业务管理办法》规定，根据（　　），95598客户投诉分为属实投诉和不属实投诉两类。

A. 是否客户责任　　B. 调查情况和责任归属

C. 是否损害公共利益　　D. 是否供电部门责任

答案：B

32.《国家电网公司95598客户服务业务管理办法》规定，服务类、营业类、停送电类投诉，客户针对同一事件在首次投诉办结后，连续（　　）个月内投诉（　　）次及以上且属实的，由上一级单位介入调查处理。

A. 2，3　　B. 2，4

C. 3，3　　D. 3，5

答案：A

33.《国家电网公司95598客户服务业务管理办法》规定，供电质量和电网建设类投诉，客户针对同一事件在首次投诉办结后，连续（　　）个月内投诉（　　）次及以上且属实的，由上一级单位介入调查处理。

A. 2，3　　B. 3，4

C. 4，5　　D. 6，3

答案：D

34.《国家电网公司95598客户服务业务管理办法》规定，投诉证据包括书面证据、视听资料、媒体公告、短信等，原则上每件投诉证据材料合计存储容量不超过

（　　）MB。

A. 3　　B. 4

C. 5　　D. 6

答案：C

35.《国家电网公司 95598 客户服务业务管理办法》规定，重要、一般投诉证据保存年限为（　　）年，特殊、重大投诉证据保存年限为（　　）年，超过保存年限的投诉证据按照保密材料销毁要求执行。

A. 3，4　　B. 2，3

C. 4，5　　D. 3，5

答案：D

36.《国家电网公司 95598 客户服务业务管理办法》规定，95598 业务支撑应遵循（　　）的原则。

A. 统一支撑、分级负责、真实准确、及时发布

B. 统一支撑、分级管理、真实准确、及时发布

C. 统一管理、分级负责、真实迅速、准确发布

D. 统一管理、分级负责、真实准确、及时发布

答案：D

37.《国家电网公司 95598 客户服务业务管理办法》规定，各省客服中心，地市、县供电企业营销部接收一般诉求工单后，地市供电企业应在（　　）min 内，县供电企业应在 3min 内，完成接单转派或退单。

A. 1　　B. 2

C. 3　　D. 4

答案：B

38.《国家电网公司 95598 客户服务业务管理办法》规定，国网客服中心受理客户故障报修诉求后，根据报修客户重要程度、停电影响范围、故障危害程度等，按照紧急、一般确定故障报修等级，2min 内派发工单。省公司，地市、县供电企业根据紧急程度，按照相关要求开展故障抢修工作。生产类紧急非抢修业务按照（　　）流程进行处理。

A. 故障报修　　B. 咨询

C. 综合业务　　D. 意见

答案：A

39.《国家电网公司 95598 客户服务业务管理办法》规定，各级单位提供 24h 电力故障抢修服务，（　　）应满足公司对外的承诺要求。

A. 处理速度　　B. 抢修质量

C. 抢修到达现场时间　　D. 抢修人员服务规范

答案：C

40.《国家电网公司 95598 客户服务业务管理办法》规定，国网客服中心根据（　　）及时维护、发布相关紧急播报信息。

A. 停电影响范围　　B. 停电时长

C. 停电预计恢复时间　　　　　　　　D. 停送电计划

答案：A

41. 根据《国家电网公司95598客户服务业务管理办法》的规定，以下说法正确的是（　　）。

A. 各级单位提供24h电力故障抢修服务，抢修到达现场时间应满足公司对外的承诺要求

B. 具备条件的单位，抢修人员到达故障现场后5min内将到达现场时间录入系统，抢修完毕后10min内抢修人员填单向本单位调控中心反馈结果，调控中心30min内完成工单审核、回复工作

C. 不具备条件的单位，抢修人员到达故障现场后5min内向本单位调控中心反馈，暂由调控中心在10min内将到达现场时间录入系统，抢修完毕后10min内抢修人员向本单位调控中心反馈结果，暂由调控中心在30min内完成填单、回复工作

D. 国网客服中心应在接到回复工单后24h内回访客户

答案：AD

42. 根据《国家电网公司95598客户服务业务管理办法》的规定，国网客服中心受理客户诉求后，后面的流程操作正确的有（　　）。

A. 应落实“首问负责制”

B. 可立即办结的业务应直接答复客户并做工单进行下发

C. 不能立即办结的业务，派发至责任单位处理

D. 各单位处理完毕后将工单反馈至国网客服中心，由国网客服中心回复（回访）客户

答案：ACD

43.《国家电网公司95598客户服务业务管理办法》规定，国网客服中心应按照规定的流程及时限要求派发工单，对于（　　）及时报告国网营销部并通知责任单位。

A. 重大服务事件　　　　　　　　B. 重大及以上投诉事件

C. 一般投诉事件　　　　　　　　D. 三级投诉事件

答案：AB

44.《国家电网公司95598客户服务业务管理办法》规定，营销服务类信息报送合格率指标定义：在规定的时间内营销服务类报告、报表信息报送的（　　）信息数量，占应报送信息总数的比例。

A. 合格　　　　　　　　B. 规范

C. 准确　　　　　　　　D. 及时

答案：AC

45. 根据《国家电网公司95598客户服务业务管理办法》的规定，客户催办即国网客服中心应客户要求，对正在处理中的业务工单进行催办。以下说法正确的有（　　）。

A. 同一事件催办次数原则上不超过3次

B. 在途未超时限工单，办理周期未过半的工单由国网客服中心向客户解释，办理周期过半的工单由国网客服中心向各省客服中心派发催办工单

C. 国网客服中心受理客户催办诉求后应关联被催办工单，10min 内派发至省客服中心，省客服中心在 10min 内派单至业务处理部门

D. 催办工单除客户提出新的诉求外，不应重新派发新的工单

答案：BCD

46.《国家电网公司 95598 客户服务业务管理办法》规定，符合下列（　　）情形之一的客户投诉，界定为重大投诉。

A. 国家党政机关、电力管理部门、省级政府部门转办的客户投诉事件

B. 地市级政府部门或社会团体督办的客户投诉事件

C. 省级或副省级媒体关注或介入的客户投诉事件

D.《国家电网公司质量事件调查处理暂行办法》规定的质量事件中的五级质量事件

答案：ABC

47. 根据《国家电网公司 95598 客户服务业务管理办法》的规定，以下服务申请各子类业务处理时限要求说法错误的是（　　）。

A. 欠费复电登记业务 24h 内现场恢复送电，1 天内回复工单

B. 电器损坏核损业务 24h 内到达现场，业务处理完毕后 1 个工作日内回复工单

C. 居民客户业扩报装业务 5 个工作日内向客户答复供电方案并回复工单

D. 其他服务申请类业务 5 个工作日内处理完毕并回复工单

答案：AC

48. 根据《国家电网公司 95598 客户服务业务管理办法》的规定，关于举报、建议、意见，以下说法错误的有（　　）。

A. 国网客服中心受理客户举报、建议、意见业务诉求后，20min 内派发工单

B. 省公司，地市、县供电企业应在国网客服中心受理客户诉求后 10 个工作日内处理、答复客户并审核、反馈处理意见

C. 举报工单国网客服中心应在接到回复工单后 1 个工作日内回访客户

D. 建议、意见工单国网客服中心应在接到回复工单后 1 天内回复客户

答案：BD

49.《国家电网公司 95598 客户服务业务管理办法》规定，（　　）类投诉，客户针对同一事件在首次投诉办结后，连续 2 个月内投诉 3 次及以上且属实的，由上一级单位介入调查处理。

A. 服务　　　　B. 营业

C. 停送电　　　　D. 供电质量

答案：ABC

50.《国家电网公司 95598 客户服务业务管理办法》规定，（　　）类投诉，客户针对同一事件在首次投诉办结后，连续 6 个月内投诉 3 次及以上且属实的，由上一级单位介入调查处理。

A. 服务　　　　B. 停送电

C. 电网建设　　　　D. 供电质量

答案：CD

51.《国家电网公司95598客户服务业务管理办法》规定，根据客户报修故障的（　　）将故障报修业务分为紧急、一般两个等级。

A. 重要程度　　B. 停电影响范围

C. 危害时间　　D. 危害程度

答案：ABD

52.《国家电网公司95598客户服务业务管理办法》规定，客户投诉包括（　　）。

A. 服务投诉　　B. 营业投诉

C. 催缴费投诉　　D. 电网建设投诉

答案：ABD

53. 根据《国家电网公司95598客户服务业务管理办法》的规定，有关证据保存，以下说法正确的是（　　）。

A. 合同、业务受理申请单等与客户营业档案相关的书面证据，按营业档案资料存档的要求执行

B. 客户信函原件按照档案管理的相关规定执行

C. 其他与95598客户投诉相关的证据材料，形成电子文档后，作为95598客户投诉工单附件

D. 重要、一般投诉证据保存年限为5年，特殊、重大投诉证据保存年限为10年，超过保存年限的投诉证据按照保密材料销毁要求执行

答案：ABC

54. 根据《国家电网公司95598客户服务业务管理办法》规定，以下说法正确的是（　　）。

A. 省公司，地市、县供电企业相关业务部门应在国网客服中心受理客户诉求后1个工作日内联系客户，7个工作日内处理、答复客户并审核、反馈处理意见，国网客服中心应在接到回复工单后1个工作日内回访客户

B. 重大投诉业务处理意见需经省公司相关部门审核后反馈国网营销部和国网客服中心

C. 对于行风类举报，国网客服中心派发工单后及时报告国网监察局

D. 省公司，地市、县供电企业根据投诉等级，按照相关要求处理投诉业务

答案：BCD

三、判断题

1.《国家电网公司95598客户服务业务管理办法》规定，国网营销部是公司95598业务的归口管理部门，主要负责对各省公司的95598工单进行100%检查、跟踪和督办，定期分析、发布95598客户服务情况，并对相关单位提出管理和考核意见。（　　）

答案：×

2.《国家电网公司95598客户服务业务管理办法》规定，国网客服中心是公司95598业务的执行单位，是95598客户服务管理的支撑机构，主要负责收集、征询、审核和发布95598知识，及时维护更新95598网站。（　　）

答案：√

3.《国家电网公司95598客户服务业务管理办法》规定，省（自治区、直辖市）电力公司营销部，是本省95598业务管理及业务支撑工作的归口管理部门，主要负责定期分析、发布本省95598业务运营情况，并对相关单位提出管理和考核意见。(　　)

答案：√

4.《国家电网公司95598客户服务业务管理办法》规定，地市（区、州）供电公司、县（市、区）供电公司营销部（客服中心）是本单位95598业务管理及业务支撑的归口管理部门，主要负责监督和考核本单位95598客户服务工作质量和95598业务支撑工作质量。(　　)

答案：√

5.《国家电网公司95598客户服务业务管理办法》规定，地市（区、州）供电公司运维检修部（检修分公司）、县（市、区）供电公司运维检修部［检修（建设）工区］是本单位故障抢修业务及其专业管理范围内95598业务的处理部门，不负责组织开展具体故障抢修工作。(　　)

答案：×

6.《国家电网公司95598客户服务业务管理办法》规定，地市（区、州）供电公司、县（市、区）供电公司电力调度控制中心是本单位故障抢修指挥的归口管理部门。负责故障报修工单接收、分析研判、派单指挥、跟踪、监督和工单回复工作。(　　)

答案：×

7.《国家电网公司95598客户服务业务管理办法》规定，配电自动化系统覆盖的设备跳闸停电后，营配信息融合完成的单位，地市、县供电企业调控中心应在10min内向国网客服中心报送停电信息。(　　)

答案：×

8.《国家电网公司95598客户服务业务管理办法》规定，业务咨询指客户对各类供电服务信息、业务办理情况、电力常识等问题的业务询问。咨询内容主要包括计量装置、停电信息、电费抄核收、用电业务、用户信息、法规制度、服务渠道、新兴业务、电网改造、企业信息、用电常识、特色业务等。(　　)

答案：√

9.《国家电网公司95598客户服务业务管理办法》规定，抢修人员预计当日不能修复完毕的紧急故障，应及时向本单位调控中心报告；抢修时间超过4h的，每小时向本单位调控中心报告故障处理进展情况；其余的短时故障抢修，抢修人员汇报预计恢复时间。(　　)

答案：×

10.《国家电网公司95598客户服务业务管理办法》规定，一般故障报修包括已经或可能引发严重环境污染的电力设施安全隐患或故障。(　　)

答案：×

11.《国家电网公司95598客户服务业务管理办法》规定，不属实投诉包括供电企业已按相关政策法规、制度、标准及服务承诺执行的；客户反映问题无相关政策法规规定

的；客户反映问题与实际情况不符等情形。(　　)

答案：×

12.《国家电网公司95598客户服务业务管理办法》规定，95598客户服务流程各环节工作人员应按照规定的流程和有关规章制度处理工单。(　　)

答案：√

13.《国家电网公司95598客户服务业务管理办法》规定，涉及国网直属单位或500kV及以上的95598工单，由国网客服中心南、北分中心接单，通过电话、工单、邮件、短信、传真等方式转相关部门处理，各部门办理完毕后，由国网客服中心南、北分中心归单办结。若工单已流转到地市、县供电企业，可向国网客服中心南、北分中心申请挂起，待处理完毕后，由国网客服中心南、北分中心归单办结。(　　)

答案：×

14.《国家电网公司95598客户服务业务管理办法》规定，涉及省直属单位和35kV及以上的95598工单，由各省客服中心接单，通过电话、工单、邮件、短信、传真等方式转相关部门处理。其中330kV及以上工单转省运检部门办理，220kV及以下工单转地市运检部门办理，各部门办理完毕后，由各省客服中心归单办结。若工单已流转到地市、县供电企业，可将工单回退至省客服中心，待处理完毕后，由省客服中心归单办结。省客服中心直接办结工单不考核接派单时限，业务处理时限按相关要求进行考核。(　　)

答案：√

15.《国家电网公司95598客户服务业务管理办法》规定，处理部门回复工单时，应做到规范、全面、真实。(　　)

答案：√

16.《国家电网公司95598客户服务业务管理办法》规定，省公司，地市、县供电企业应做好本单位生产信息、用电负荷信息的更新和维护。(　　)

答案：√

17.《国家电网公司95598客户服务业务管理办法》规定，故障报修工单流转的各个环节均可以对故障报修工单进行合并，合并后形成主单和子单。(　　)

答案：×

18.《国家电网公司95598客户服务业务管理办法》规定，国网客服中心、省客服中心，地市、县供电企业营销部逐级对回单质量进行审核，对回单内容或处理意见不符合要求的，应注明原因后将工单回退至投诉处理部门再次处理。(　　)

答案：√

四、简答题

1. 根据《国家电网公司95598客户服务业务管理办法》规定，哪些情形95598客户投诉可以判定为不属实投诉？

答案：下列情形之一为不属实投诉：

（1）供电企业已按相关政策法规、制度、标准及服务承诺执行的。

（2）客户反映问题无相关政策法规规定的。

（3）客户反映问题与实际情况不符的。

（4）客户提供的线索不全，无法进行追溯或调查核实的。

（5）明显存在歪曲、捏造事实的。除不属实投诉外均为属实投诉。在认定投诉属实性时，回访客户是否满意、是否撤诉不作为判定依据。

2.《国家电网公司95598客户服务业务管理办法》规定，重大服务事件应坚持即时上报原则，主要包括哪些方面？

答案：（1）电网大面积停电造成的客户停电事件。

（2）涉及高危、重要电力客户的停电事件。

（3）新闻媒体曝光并产生重大影响的停电事件或供电服务事件。

（4）其他需要报告的重大服务事件。

（5）95598服务涉及的语音呼叫平台、基础支撑平台、业务支持系统、电子渠道、营销业务应用系统等相关系统故障影响客户感知的服务事件。

3.《国家电网公司95598客户服务业务管理办法》规定，一般诉求类业务符合哪些条件，可将工单回退国网客服中心？

答案：符合以下条件的，可将工单回退国网客服中心：

（1）非本单位区域内的业务，应注明其可能所属的供电区域后退单。

（2）国网客服中心收集的客户信息有误或核心内容缺失，导致接单部门无法根据工单的内容进行处理。

（3）业务分类选择错误。

（4）知识库中的知识点能有效支撑服务工作，可以正确解答客户诉求，且客户无异议的。

4.《国家电网公司95598客户服务业务管理办法》规定，省公司、地市、县供电企业在重大服务事件发生后如何处理？

答案：省公司，地市、县供电企业在重大服务事件发生后第一时间将事件发生的时间、地点和初步原因、可能造成的影响及时上报；在重大服务事件发生后24h内，将事件的详细处理情况以书面形式上报；在事件妥善处理之后，重大服务事件报告经省公司相关管理部门审核后再次以书面形式上报国网营销部和国网客服中心。

5.《国家电网公司95598客户服务业务管理办法》规定，重大服务事件的应对措施有哪些？

答案：（1）各省公司、国网客服中心应建立重大服务事件的快速反应机制，制定应急预案，协同联动，跟踪督办事件处理进度。

（2）国网客服中心对受理的重大服务事件实行报告通知制度，即时通过电话、短信、传真、邮件等形式报告国网营销部，并通知到责任单位，同时实时跟踪事件处理进度，并报告国网营销部。

（3）省公司，地市、县供电企业在重大服务事件发生后第一时间将事件发生的时间、地点和初步原因、可能造成的影响及时上报；在重大服务事件发生后24h内，将事件的详细处理情况以书面形式上报；在事件妥善处理之后，重大服务事件报告经省公司相关管理部门审核后再次以书面形式上报国网营销部和国网客服中心。

6.《国家电网公司95598客户服务业务管理办法》规定，对停送电信息报送有哪些要求？

答案：（1）停送电信息报送管理应遵循全面完整、真实准确、规范及时、分级负责的原则。

（2）生产类停送电信息和营销类有序用电信息通过营销业务应用系统（SG186）“停送电信息管理”功能或配网故障研判技术支持相关系统报送。

（3）其他营销类停送电信息通过修改营销业务应用系统（SG186）中的停电标志状态传递信息。

（4）对未及时报送停送电信息的单位，国网客服中心可形成工单发送至相关省客服中心进行催报，由省客服中心及有关地市、县供电企业核实后，及时报送。

7.《国家电网公司95598客户服务业务管理办法》规定，故障报修类型分为几类？如何分级？

答案：故障报修类型分为高压故障、低压故障、电能质量故障、客户内部故障、非电力故障、计量故障6类。根据客户报修故障的重要程度、停电影响范围、危害程度等将故障报修业务分为紧急、一般两个等级。

第三节　电力服务事件处置应急预案

一、填空题

1.《国家电网公司电力服务事件处置应急预案》（国家电网营销〔2010〕1593号）规定，根据电力服务事件的危害程度和影响范围，将电力服务事件分为四级：__________、__________、__________和__________服务事件。

答案：特别重大　重大　较大　一般

2.《国家电网公司电力服务事件处置应急预案》规定，根据服务事件发生的性质、可能造成的危害和影响范围，服务事件预警级别分为__________、__________、__________和__________。

答案：一级　二级　三级　四级

3.《国家电网公司电力服务事件处置应急预案》规定，按照“__________、__________”的原则建立应急队伍。

答案：平战结合　反应快速

4.《国家电网公司电力服务事件处置应急预案》规定，应急预案的培训至少__________年组织一次。

答案：每

5.《国家电网公司电力服务事件处置应急预案》规定，根据服务事件发生的性质及可能造成的危害和影响范围，将服务事件预警级分别用__________、__________、__________和__________表示。

答案：红色　　橙色　　黄色　　蓝色

二、不定项选择题

1.《国家电网公司电力服务事件处置应急预案》规定，出现（　　）情况为服务事件二级预警。

A. 可能对直辖市、省会城市和自治区首府 20% 以上用电客户，副省级城市、计划单列市 30% 以上用电客户的正常用电受到影响

B. 可能造成一级重要电力客户停电并产生重大影响的停电事件

C. 可能引起省级新闻媒体关注，并有可能造成重大影响的停电或供电服务事件

D. 客户有可能向省级有关部门反映的集体投诉服务事件

E. 公司应急领导小组确定为二级预警者

答案：ABCDE

2.《国家电网公司电力服务事件处置应急预案》规定，应急处置的基本原则是（　　）。

A. 以人为本，减少危害　　B. 居安思危，预防为主

C. 统一领导，分级负责　　D. 考虑全局，突出重点

E. 快速反应，协同应对

答案：ABCDE

三、判断题

1.《国家电网公司电力服务事件处置应急预案》规定，可能对直辖市、省会城市和自治区首府 10% 以上用电客户，副省级城市、计划单列市 20% 以上用电客户，地级城市 30% 以上用电客户的正常用电受到影响，为服务事件三级预警。（　　）

答案：√

2.《国家电网公司电力服务事件处置应急预案》规定，客户有可能向县级政府反映的集体投诉服务事件为服务事件四级预警。（　　）

答案：√

四、简答题

1. 根据《国家电网公司电力服务事件处置应急预案》规定，风险监测方法和信息收集渠道主要有哪些？

答案：（1）国家发布的自然灾害或出现夏季高温、冬季低温预警、事故灾难预警、社会安全事件预警等预警信息。

（2）上级单位、公司应急领导小组发布的预警信息。

（3）政府部门、监管机构、社会团体、新闻媒体对某些涉及供电服务相关事项进行的重点关注。

（4）通过技术或其他手段监测到的大面积停电风险。

（5）重要电力客户停电监测。

（6）95598、营业厅等服务渠道发现的异常情况。

（7）其他异常情况。

2. 根据《国家电网公司电力服务事件处置应急预案》规定，出现哪些情况为服务事件一级预警？

答案：（1）可能对直辖市、省会城市和自治区首府30%以上用电客户，副省级城市、计划单列市40%以上用电客户的正常用电受到影响。

（2）可能造成特级重要电力客户停电并产生重大影响的停电事件。

（3）可能引起中央或全国性新闻媒体关注，并有可能造成重大影响的停电或供电服务事件。

（4）客户有可能向国家有关管理部门直接反映的集体投诉服务事件。

（5）公司应急领导小组确定为一级预警者。

第四节 “获得电力”优化用电营商环境

一、填空题

1.《国家发展改革委国家能源局关于全面提升“获得电力”服务水平 持续优化用电营商环境的意见》发改能源规〔2020〕1479号规定，全面推广低压小微企业用电报装三零服务是指“__________、__________、__________”服务。

答案：零上门　零审批　零投资

2.《国家发展改革委国家能源局关于全面提升“获得电力”服务水平 持续优化用电营商环境的意见》规定，全面推广低压小微企业用电报装三省服务是指高压用户用电报装“__________、__________、__________”。

答案：省力　省时　省钱

3.《国家发展改革委国家能源局关于全面提升“获得电力”服务水平 持续优化用电营商环境的意见》规定，围绕用电报装__________、__________、__________、供电可靠性等方面，针对不同用户类型分类施策，因地制宜、科学合理地制定目标任务和提升举措，结合实际、先易后难，扎实提升“获得电力”服务水平。

答案：时间　环节　成本

4.《国家发展改革委国家能源局关于全面提升“获得电力”服务水平 持续优化用电营商环境的意见》规定，鼓励实行__________接入工程“项目经理＋客户经理”双经理负责制，实现网格化全过程跟进。

答案：配套电网

5.《国家发展改革委国家能源局关于全面提升“获得电力”服务水平 持续优化用电营商环境的意见》规定，要如实记录用电报装时间信息，禁止“__________”、后补流程或重走流程。鼓励创新服务方式，拓展服务渠道，在现行规定时限基础上进一步压减办电时间。

答案：体外循环

6.《国家发展改革委国家能源局关于全面提升“获得电力”服务水平 持续优化用电营商环境的意见》规定，鼓励和支持有条件的地区大幅压缩__________ kV 及以上电力接入工程的审批时间。

答案：35

7.《国家发展改革委国家能源局关于全面提升“获得电力”服务水平 持续优化用电营商环境的意见》规定，各供电企业要持续优化用电报装线上服务功能，推行低压用户供用电合同__________，推广高压用户客户经理预约上门服务，为用户提供用电报装、查询、交费等“__________”服务。

答案：电子化　　一网通办

8.《国家发展改革委国家能源局关于全面提升“获得电力”服务水平 持续优化用电营商环境的意见》规定，进一步压减现有用电报装环节，取消低压用户的__________、__________和__________环节。

答案：设计审查　　中间检查　　竣工检验

9.《国家发展改革委国家能源局关于全面提升“获得电力”服务水平 持续优化用电营商环境的意见》规定，各省级能源（电力）主管部门要按照国家有关规定，依托政务服务平台，牵头加强电子证照的推广应用，推进办电审批服务信息系统建设，推动省、市、县跨层级__________联通，加强与供电企业用电报装信息管理系统的__________联通，提供数据互认共享服务，实现政企协同办电。

答案：纵向　　横向

10.《国家发展改革委国家能源局关于全面提升“获得电力”服务水平 持续优化用电营商环境的意见》规定，实行行政审批申请“__________”，审批结果自动反馈供电企业，审批流程公开透明，用户可在线查询。

答案：一窗受理

二、不定项选择题

1.《国家发展改革委国家能源局关于全面提升“获得电力”服务水平 持续优化用电营商环境的意见》规定的基本原则是（　　）。

A. 典型引领、创新发展　　B. 分类施策、逐步推广

C. 政企协同、合力推进　　D. 分类施策、合力推进

答案：ABC

2.《国家发展改革委国家能源局关于全面提升“获得电力”服务水平 持续优化用电营商环境的意见》规定的工作目标是（　　）。

A. 办电更省时　　B. 办电更省心

C. 办电更省钱　　D. 用电更可靠

答案：ABCD

3.《国家发展改革委国家能源局关于全面提升“获得电力”服务水平 持续优化用电营商环境的意见》规定，鼓励有条件的地区，全面推广用电报装全流程线上办理，实现

（　　）。

A. 业务线上申请　　B. 信息线上流转

C. 进度线上查询　　D. 服务线上评价

答案：ABCD

4.《国家发展改革委国家能源局关于全面提升“获得电力”服务水平 持续优化用电营商环境的意见》规定，各供电企业要逐步提高低压接入容量上限标准，对于用电报装容量（　　）kW 及以下实行“三零”服务的用户采取低压方式接入电网。

A. 160　　B. 100

C. 315　　D. 200

答案：A

5.《国家发展改革委国家能源局关于全面提升“获得电力”服务水平 持续优化用电营商环境的意见》规定，各供电企业要逐步将电网投资界面延伸至（　　）红线（含计量装置），鼓励和支持适当延伸高压用户电网投资界面，对涉及防范化解重大风险、精准脱贫、污染防治三大攻坚战的项目可优先延伸。

A. 居民用户　　B. 低压小微企业用户

C. 非居民用户　　D. 一般工商业用户

答案：AB

6.《国家发展改革委国家能源局关于全面提升“获得电力”服务水平 持续优化用电营商环境的意见》规定，对于居民用户和已承诺实行“三零”服务的（　　）用户要确保做到办电“零投资”。

A. 居民用户　　B. 非居民用户

C. 低压非居民　　D. 一般工商业用户

答案：C

三、判断题

1.《国家发展改革委国家能源局关于全面提升“获得电力”服务水平 持续优化用电营商环境的意见》规定，2022 年底前，将直辖市、计划单列市、省会城市的中心区、市区、城镇、农村地区用户年均停电时间分别压减至 1 个、2 个、5 个、11 个小时以内，或年均同比压缩 8% 以上；将其他地级行政区的中心区、市区、城镇、农村地区用户年均停电时间分别压减至 2 个、5 个、9 个、15 个小时以内，或年均同比压缩 8% 以上。（　　）

答案：√

2.《国家发展改革委国家能源局关于全面提升“获得电力”服务水平 持续优化用电营商环境的意见》规定，2022 年底前，实现全国范围 160kW 及以下的小微企业用电报装“零投资”。（　　）

答案：√

3.《国家发展改革委国家能源局关于全面提升“获得电力”服务水平 持续优化用电营商环境的意见》规定，2021 年、2022 年底前，将实行“三零”服务的低压非居民用户全过程办电时间进一步分别压减至 20 个、15 个工作日以内。（　　）

答案：√

4.《国家发展改革委国家能源局关于全面提升“获得电力”服务水平 持续优化用电营商环境的意见》规定，低压用户在业务受理环节仅需提供用电人有效身份证件和用电地址物权证件，高压用户需同时提供用电工程项目批准文件。（　　）

答案：√

5.《国家发展改革委国家能源局关于全面提升“获得电力”服务水平 持续优化用电营商环境的意见》规定，高压用户在设计审查环节仅需提供设计单位资质证明材料和用电工程设计及说明书，在中间检查环节仅需提供施工单位资质证明材料和隐蔽工程施工及试验记录，在竣工检验环节仅需提供工程竣工报告（含竣工图纸）。

答案：√

6.《国家发展改革委国家能源局关于全面提升“获得电力”服务水平 持续优化用电营商环境的意见》规定，除法律法规另有规定外，供电企业不得增设或变相设置用电报装业务办理环节、前置条件，不得增加申请资料，不得强制用户签订申请用电承诺书。（　　）

答案：√

7.《国家发展改革委国家能源局关于全面提升“获得电力”服务水平 持续优化用电营商环境的意见》规定，鼓励和支持有条件的地区推进工程建设项目审批平台与供电企业用电报装信息管理系统的互联互通，供电企业提前获取用电需求、提前开展配套电网工程规划建设，提高办电效率。（　　）

答案：√

8.《国家发展改革委国家能源局关于全面提升“获得电力”服务水平 持续优化用电营商环境的意见》规定，供电企业在线获取和验证营业执照、身份证件、不动产登记等用电报装信息，实现居民用户“刷脸办电”、企业用户“一证办电”。（　　）

答案：√

四、简答题

1.《国家发展改革委国家能源局关于全面提升“获得电力”服务水平 持续优化用电营商环境的意见》规定，零上门是指什么？

答案：零上门是指实行线上用电报装服务，用户可以在线提出用电需求，签订电子合同，供电企业委派专人上门服务，用户无需往返营业厅，用电报装“一次都不跑”。

2.《国家发展改革委国家能源局关于全面提升“获得电力”服务水平 持续优化用电营商环境的意见》规定，零审批是指什么？

答案：零审批是指供电企业精简办电资料，一次性收取所有材料，代替用户办理电力接入工程审批手续，地方政府有关部门优化审批服务，实现一窗受理、并行操作、限时办结。

3.《国家发展改革委国家能源局关于全面提升“获得电力”服务水平 持续优化用电营商环境的意见》规定，零投资是指什么？

答案：零投资是指供电企业将投资界面延伸至用户红线，报装容量在 160kW 及以下通过低压方式接入，计量装置及以上工程由供电企业投资建设。

4.《国家发展改革委国家能源局关于全面提升“获得电力”服务水平 持续优化用电营商环境的意见》规定，省力是指什么？

答案：省力是指推广“互联网 +”线上办电服务，推动政企办电信息互联互通，供电企业直接获取用户办电所需证照信息，用户在线提交用电申请、查询业务办理进程、评价服务质量，实现办电“最多跑一次”。

5.《国家发展改革委国家能源局关于全面提升“获得电力”服务水平 持续优化用电营商环境的意见》规定，省时是指什么？

答案：省时是指地方政府有关部门简化电力接入工程审批程序、压减审批时限；供电企业实行业务办理限时制，加快业务办理速度，确保用户及时接电。

6.《国家发展改革委国家能源局关于全面提升“获得电力”服务水平 持续优化用电营商环境的意见》规定，省钱是指什么？

答案：省钱是指供电企业优化供电方案，实行就近就便接入电网，降低用户办电成本。

第五节　供电服务建设管理办法

一、填空题

1.《国家电网公司供电服务建设管理办法》国家电网企管〔2020〕416 号第一章第四条规定，供电服务建设管理必须坚持以__________为中心，以__________为导向和管业务必须管服务的原则。

答案：人民　问题

2.《国家电网公司供电服务建设管理办法》第一章第五条规定，构建__________、__________、__________、__________的供电服务建设格局，在供电企业生产经营管理全过程中形成人人关注供电服务建设，全员参与优质服务的良好氛围。

答案：全员　全面　全方位　全过程

3.《国家电网公司供电服务建设管理办法》第二章第六条规定，各级供电企业应建立健全牵头部门__________、业务管理部门各负其责的供电服务建设管理机制。

答案：组织协调

4.《国家电网公司供电服务建设管理办法》第二章第十条规定，各级设备部门结合日常业务管理，负责加强配网建设管理，规范开展__________、__________、__________等工作，提升配网建设质效。

答案：青苗赔偿　施工现场组织　施工工程协调

5.《国家电网公司供电服务建设管理办法》第七章第三十九条规定，深化典型供电服务事件、典型投诉、举报案例教育，举一反三，做到__________、__________、__________，使遵章守纪成为员工的自觉行动。

答案：处理一人　　教育一片　　整改一方

6.《国家电网公司供电服务建设管理办法》第九章第四十七条规定，自_________年_________月_________日起实施国家电网公司供电服务建设管理办法。

答案：2020　　7　　20

二、不定项选择题

1.《国家电网公司供电服务建设管理办法》第二章第七条规定，各级供电企业应设立供电服务建设管理工作领导小组，履行（　　）职责。

A. 贯彻落实上级供电服务建设管理工作要求，审定本单位供电服务建设管理工作规划和总体目标

B. 负责供电服务建设管理工作的组织领导和决策部署

C. 部署重大供电服务建设管理活动

D. 研究分析供电服务建设管理工作重大问题

E. 开展供电服务建设管理其他重要工作

答案：ABCDE

2.《国家电网公司供电服务建设管理办法》第二章第十一条规定，各级电网调控部门结合日常业务管理，负责停电计划及配网故障抢修指挥管理，强化（　　），提升抢修指挥效率。

A. 监督　　B. 检查

C. 考核　　D. 处理

答案：ABC

3.《国家电网公司供电服务建设管理办法》第二章第十四条规定，国网客服中心结合日常业务管理，负责定期统计、分析受理（　　）等相关工作，编制专题分析报告，报送公司总部相关部门。

A. 供电服务投诉　　B. 举报

C. 电价电费答复　　D. 业扩报装咨询

答案：AB

4.《国家电网公司供电服务建设管理办法》第三章第十六条规定，严格执行（　　）等制度，实现线上一网通办，线下一站式服务，着力提高服务效率，提升客户体验。

A. 一口对外　　B. 首位负责

C. 一次性告知　　D. 限时办结

答案：ABCD

5.《国家电网公司供电服务建设管理办法》第三章第二十条规定，严格执行电网规划与建设改造标准，规范开展（　　）等工作，着力解决长期低电压和频繁停电问题，不断提高供电能力和供电质量。

A. 规划设计　　B. 设备采购

C. 施工建设　　D. 中间检查

答案：ABC

6.《国家电网公司供电服务建设管理办法》第八章第四十四条规定，供电服务建设管理情况统计实行（　　）。

A. 归口管理　　　　B. 分级汇总

C. 逐级报告　　　　D. 逐级汇总

答案：ABC

三、判断题

1.《国家电网公司供电服务建设管理办法》第二章第六条规定，实行一把手负责制，将供电服务建设管理纳入公司考核，强化责任，层层落实。(　　)

答案：√

2.《国家电网公司供电服务建设管理办法》第二章第八条规定，各级领导小组下设办公室，领导小组办公室设在营销部。(　　)

答案：√

3.《国家电网公司供电服务建设管理办法》第三章第十七条规定，积极推进阳光业扩等服务措施落地，主动公开用电业务办理程序、时限、进程、收费标准等信息，为客户提供公开、透明的办电服务。(　　)

答案：√

4.《国家电网公司供电服务建设管理办法》第六章第三十三条规定，在突发事件发生后24h内，将事件详细处置情况以书面形式报告，在事件妥善处理后，再次以书面形式报告。(　　)

答案：√

5.《国家电网公司供电服务建设管理办法》第六章第三十四条规定，严格按照公司有关规定报送供电服务突发事件信息。如发生迟报、漏报、瞒报、谎报等行为，要严肃追究相关单位和人员责任。(　　)

答案：√

四、简答题

1. 根据《国家电网公司供电服务建设管理办法》第一章第二条规定，供电服务建设管理办法是指什么？

答案：供电服务建设管理办法是指在供电服务过程中，牢固树立服务意识，坚持依法合规理念，规范服务行为，增强服务能力，提高服务质效，强化服务过程管控，主动做好对外宣传沟通，持续加强队伍建设，着力提升供电服务品质。

2. 根据《国家电网公司供电服务建设管理办法》第二章第九条规定，各级营销部结合日常业务管理，应履行哪些职责？

答案：（1）负责加强95598客户服务和网上国网等线上渠道管理，进一步拓宽服务渠道，提高服务效率。

（2）负责深化营业窗口建设，加大服务管理力度，组织策划实施优质服务活动，提升服务能力。

（3）负责规范业扩报装、电价电费、用电变更、抄表收费、电能计量、业务收费、智能用电等营销服务行为，提高服务水平。

（4）负责本专业供电服务问题办理、处理。

（5）负责本专业重大供电服务事件应急处置、责任追究。

（6）负责对本专业员工开展供电服务规章制度、廉洁从业教育。

（7）负责落实领导小组相关工作部署。

第六节　供电服务质量事件与服务过错认定办法

一、填空题

1.《国家电网公司供电服务质量事件与服务过错认定办法》第一章第二条规定，供电服务质量事件与服务过错认定应以事实为依据，以__________为目的，坚持严肃严谨、客观公正的原则。

答案：规范服务

2.《国家电网公司供电服务质量事件与服务过错认定办法》适用于公司系统内部供电服务__________与__________管理工作。

答案：质量事件　　服务过错认定

3.《国家电网公司供电服务质量事件与服务过错认定办法》第六章第十六条规定，发生供电服务质量事件的，各省公司级单位供电服务质量事件与服务过错认定工作小组应第一时间上报供电服务质量事件发生的__________、__________、__________、__________、对用电客户的影响和已经采取的措施等信息，并于__________h内报送书面报告至公司供电服务质量事件与服务过错认定工作小组。

答案：时间　　地点　　内容　　范围　　4

二、不定项选择题

1.《国家电网公司供电服务质量事件与服务过错认定办法》第二章第四条规定，公司和各级单位应成立（　　）工作小组，日常管理工作由本单位营销部或供电服务归口管理部门牵头负责。

A. 供电服务质量事件　　B. 服务过错认定

C. 服务质量监督　　D. 服务质量评估

答案：ABCD

2.《国家电网公司供电服务质量事件与服务过错认定办法》第三章第十条规定，供电服务质量事件根据危害程度和影响范围分为（　　）四级。

A. 特别重大　　B. 重大

C. 较大　　D. 一般供电服务质量事件

答案：ABCD

3. 《国家电网公司供电服务质量事件与服务过错认定办法》第三章第十条第二款规定，重大供电服务质量事件包括（　　）。

A. 省级政府有关部门（单位）查实属供电部门主观责任，并被省级政府有关部门（单位）行政处罚的供电服务质量事件

B. 省级新闻媒体等曝光属供电部门主观责任，并产生重大负面影响的供电服务质量事件

C. 给客户或企业造成 50 万元及以上 100 万元以下直接经济损失的供电服务质量事件

D. 公司认定的其他重大供电服务质量事件

答案：ABCD

4. 《国家电网公司供电服务质量事件与服务过错认定办法》第三章第十条第三款规定，较大供电服务质量事件包括（　　）。

A. 地市级政府有关部门（单位）查实属供电部门主观责任，并被地市级政府有关部门（单位）行政处罚的供电服务质量事件

B. 省会城市、副省级城市媒体等曝光属供电部门主观责任，并产生较大负面影响的供电服务质量事件

C. 给客户或企业造成 20 万元及以上 50 万元以下直接经济损失的供电服务质量事件

D. 省公司级单位认定的其他较大供电服务质量事件

答案：ABCD

5. 《国家电网公司供电服务质量事件与服务过错认定办法》第六章第十七条规定，各省公司级单位应定期分析供电服务质量事件与服务过错认定情况，总结分析服务事件与过错（　　）等，并形成报告，每季度报送公司供电服务质量事件与服务过错认定工作小组。

A. 发生原因　　B. 处置情况

C. 惩处情况　　D. 整改措施

答案：ABCD

三、判断题

1. 《国家电网公司供电服务质量事件与服务过错认定办法》第三章第十条第四款规定，一般供电服务质量事件是指给客户或企业造成 10 万元及以上 20 万元以下直接经济损失的供电服务质量事件。（　　）

答案：√

2. 《国家电网公司供电服务质量事件与服务过错认定办法》第四章第十二条规定，供电服务过错根据问题性质和影响程度分为一类过错、二类过错和三类过错。（　　）

答案：√

3. 《国家电网公司供电服务质量事件与服务过错认定办法》第四章第十二条第一款规定，情节严重，给客户或企业造成 5 万元及以上 10 万元以下直接经济损失，或给企业形象造成较大影响的供电服务过错，属一类过错（　　）。

答案：√

4.《国家电网公司供电服务质量事件与服务过错认定办法》第四章第十二条第二款规定，情节较重，给客户或企业造成1万元及以上5万元以下直接经济损失，或在一定范围内给企业形象造成不良影响的供电服务过错属二类过错（　　）。

答案：√

5.《国家电网公司供电服务质量事件与服务过错认定办法》第四章第十二条第三款规定，情节较轻，给客户或企业造成1万元以下直接经济损失，引起客户不良感知或给企业造成轻微不良影响的供电服务过错属三类过错。（　　）

答案：√

四、简答题

1. 根据《国家电网公司供电服务质量事件与服务过错认定办法》第三章第九条规定，什么是供电服务质量事件？

答案：供电服务质量事件是指员工在供电服务过程中，未遵守有关制度标准，给客户或企业造成重大损失，损害公司品牌形象，造成不良影响的事件。

2. 根据《国家电网公司供电服务质量事件与服务过错认定办法》第四章第十一条规定，什么是供电服务过错？

答案：供电服务过错是指因员工未履行岗位职责或履职不当，造成客户或企业利益受损、引起客户不良感知或给企业形象造成不良影响，但未构成供电服务质量事件的供电服务行为。

3.《国家电网公司供电服务质量事件与服务过错认定办法》第三章第十条第一款规定，特别重大供电服务质量事件包括哪些事件？

答案：（1）国家有关部委（单位）查实属供电部门主观责任，并被国家有关部委（单位）行政处罚的供电服务质量事件。

（2）中央或全国性新闻媒体、主要门户网站等曝光属供电部门主观责任，并产生重大负面影响的供电服务质量事件。

（3）给客户或企业造成100万元及以上直接经济损失的供电服务质量事件。

（4）公司认定的其他特别重大供电服务质量事件。

第三章 业扩管理及电价政策

第一节 业扩报装管理规则

一、填空题

1.《国家电网公司业扩报装管理规则》［国网企管〔2019〕413 号第五条规定，公司各级________部门是业扩报装业务的归口管理部门。

答案：营销

2.《国家电网公司业扩报装管理规则》第五条规定，国网营销部负责组织制定业扩报装管理制度和技术标准，对________kV 及以下客户接入，以及________电压等级业扩报装管理工作进行指导检查和评价考核。

答案：35　所有

3.《国家电网公司业扩报装管理规则》第六十七条规定，向客户提供________、掌上电力手机 App、________等办电服务渠道。

答案：营业厅　95598 网站

4.《国家电网公司业扩报装管理规则》第七十条规定，现场勘察实行________和________，推广应用移动作业终端，提高现场勘察效率。

答案：合并作业　联合勘察

5.《国家电网公司业扩报装管理规则》第七十一条规定，现场勘察应重点核实________、________、________等信息，结合现场供电条件，初步确定供电电源、计量、计费方案，并填写现场勘察单。

答案：客户负荷性质　用电容量　用电类别

6.《国家电网公司业扩报装管理规则》第七十四条规定，对于具有________、________、________等可能影响供电质量和电网安全运行的客户，应书面告知其委托有资质单位开展电能质量评估。

答案：非线性　不对称　冲击性负荷

7.《国家电网公司业扩报装管理规则》第七十五条第一款规定，10（20）kV 及以下项目，原则上直接放开，由营销部（客户服务中心）编制供电方案，并经系统推送至发展、运检、调控等部门备案，对于电网接入受限项目，实行________，________。

答案：先接入　后改造

8.《国家电网公司业扩报装管理规则》第九十七条规定，对于低压居民客户，精简供用电合同条款内容，可采取________签订，或通过掌上电力 App，________电子签名方式签订。

答案：背书方式　　移动作业终端

9. 《国家电网公司业扩报装管理规则》第一百零五条第一款规定，对于无电网配套工程的低压居民客户，在正式受理用电申请后，__________个工作日内完成装表接电工作。对于有电网配套工程的低压居民客户，在工程完工__________日内装表接电。

答案：2　　当

二、不定项选择题

1. 《国家电网公司业扩报装管理规则》第七十条第二款规定，高压客户实行（　　），营销部（客户服务中心）负责组织相关专业人员共同完成现场勘察。

A. 联合勘察　　B. 一次办结

C. 单独勘察　　D. 一次审批

答案：AB

2. 《国家电网公司业扩报装管理规则》第七十三条规定，依据供电方案编制有关规定和技术标准要求，结合（　　）等因素，经过技术经济比较，与客户协商一致后，拟定供电方案。

A. 现场勘察结果　　B. 电网规划

C. 用电需求　　D. 当地供电条件

答案：ABCD

3. 《国家电网公司业扩报装管理规则》第七十八条规定，对于重要或者有特殊负荷的客户开展（　　）。

A. 设计文件审查　　B. 中间检查

C. 竣工检验　　D. 联合审查

答案：AB

4. 《国家电网公司业扩报装管理规则》第八十二条规定，设计图纸审查期限，自受理之日起，高压客户不超过（　　）个工作日。

A. 5　　B. 6

C. 7　　D. 9

答案：A

5. 《国家电网公司业扩报装管理规则》第九十条规定，畅通绿色通道，优化业扩配套电网项目计划和物资供应流程，合理安排项目立项、物资供应、工程实施等建设程序，加快业扩配套电网工程建设，确保与客户工程（　　），满足客户用电需求。

A. 同步设计　　B. 同步审查

C. 同步实施　　D. 同步投运

答案：CD

6. 《国家电网公司业扩报装管理规则》第九十五条规定，对于电网接入受限改造项目，低压、10（20）kV 项目有效建设周期分别不长于（　　）个工作日。

A. 10，120　　B. 20，120

C. 10，100　　D. 20，100

答案：A

7.《国家电网公司业扩报装管理规则》第一百条第二款规定，采集终端、电能计量装置安装结束后，应核对（　　）等重要信息，及时加装封印，记录现场安装信息、计量印证使用信息，请客户签字确认。

A. 装置编号　　B. 电能表起度

C. 变比　　D. 精度

答案：ABC

8.《国家电网公司业扩报装管理规则》第一百零六条规定，推广应用营销档案电子化，逐步取消纸质工单，实现档案信息的（　　）。

A. 自动采集　　B. 动态更新

C. 实时传递　　D. 在线查阅

答案：ABCD

9.《国家电网公司业扩报装管理规则》第一百一十四条规定，严格业扩报装服务责任追究制度，对（　　）的事件，以及在业扩报装工作过程中造成重大社会影响、重大经济损失的，按照公司规定严肃追究相关单位或个人的责任。

A. 涉嫌“三指定”　　B. 侵害客户利益

C. 影响营商环境服务　　D. 吃拿卡要

答案：AB

三、判断题

1.《国家电网公司业扩报装管理规则》第七十条第一款规定，低压客户实行勘察装表一岗制。

答案：√

2.《国家电网公司业扩报装管理规则》第七十五条规定，根据客户供电电压等级和重要性分级，取消供电方案分级审批，实行直接开放、网上会签或集中会审，并由营销部门统一答复客户。

答案：√

3.《国家电网公司业扩报装管理规则》第七十七条规定，供电方案答复期限，在受理申请后，低压客户在次工作日完成现场并答复供电方案；10kV 单电源客户不超过 14 个工作日；10kV 双电源不超过 29 个工作日；35kV 单电源客户不超过 15 个工作日；35kV 及以上双电源客户不超过 30 个工作日。

答案：√

4.《国家电网公司业扩报装管理规则》第八十四条规定，中间检查的期限，自接到客户申请之日起，高压供电客户不超过 3 个工作日。

答案：√

5.《国家电网公司业扩报装管理规则》第八十五条规定，简化竣工检验内容，重点查验可能影响电网安全运行的接网设备和涉网保护装置，取消客户内部非涉网设备施工质量、运行规章制度、安全措施等检验内容。

答案：√

6.《国家电网公司业扩报装管理规则》第九十五条规定，实现业扩配套工程建设限时机制，低压项目、10（20）kV 项目，自供电方案答复之日起，有效建设周期最长不超过 10 个、60 个工作日。

答案：√

7.《国家电网公司业扩报装管理规则》第九十八条规定，高压供用电合同实行分级管理，由具有相应管理权限的人员进行审核。

答案：√

8.《国家电网公司业扩报装管理规则》第一百零五条第三款规定，对于高压客户，在竣工验收合格，签订供用电合同，并办结相关手续后，5 个工作日内完成送电工作。

答案：√

四、简答题

1. 根据《国家电网公司业扩报装管理规则》第一百零三条规定，什么情况具备接电条件？

答案：启动方案已审定，新建的供电工程已验收合格，客户的受电工程已竣工检验合格，供用电合同及相关协议已签订，业务相关费用已结清。

2. 根据《国家电网公司业扩报装管理规则》八十六条规定，在受理客户竣工报验申请时，主要审核客户提交的哪些材料？

答案：（1）高压客户竣工报验申请表。

（2）设计、施工、试验单位资质证书复印件。

（3）工程竣工图及说明。

（4）电气试验及保护整定调试记录，主要设备的型式试验报告。

3. 根据《国家电网公司业扩报装管理规则》七十三条第四款规定要求，计量计费方案包括哪些内容？

答案：计量点的设置、计量方式、用电信息采集终端安装方案、计量柜（箱）等计量装置的核心技术要求。用电类别、电价说明、功率因数考核办法、线路或变压器损耗分摊办法。

第二节　业扩供电方案编制导则

一、填空题

1.《国家电网公司业扩供电方案编制导则》（国家电网营销〔2010〕1247 号）适用于国家电网公司所属各区域电网公司、省（自治区、直辖市）电力公司及供电企业对__________kV 及以下供电的各类客户业扩供电方案的确定。

答案：220

2.《国家电网公司业扩供电方案编制导则》规定，主供电源指能够__________且连续为__________用电负荷提供电力的电源。

答案：正常有效　全部

3.《国家电网公司业扩供电方案编制导则》规定，备用电源指根据客户在安全、业务和生产上对供电可靠性的实际需求，在主供电源发生故障或断电时，能够有效且连续为__________或__________负荷提供电力的电源。

答案：全部　部分

4.《国家电网公司业扩供电方案编制导则》规定，自备应急电源指由客户自行配备的，在正常供电电源全部发生中断的情况下，能够至少满足对客户保安负荷不间断供电的__________电源。

答案：独立

5.《国家电网公司业扩供电方案编制导则》规定，双电源指由两个独立的供电线路向__________用电负荷实施的供电。这两条供电线路是由两个电源供电，即由来自两个不同方向的变电站或来自具有两回及以上进线的同一变电站内__________段不同母线分别提供的电源。

答案：同一个　两

6.《国家电网公司业扩供电方案编制导则》规定，双回路指为__________用电负荷供电的__________供电线路。

答案：同一　两回

7.《国家电网公司业扩供电方案编制导则》规定，保安负荷指用于保障用电场所所需的__________与__________电力负荷。

答案：人身　财产安全

8.《国家电网公司业扩供电方案编制导则》规定，电能计量方式指根据电能计量的不同对象、确定的客户供电方式和__________要求，确定电能计量点和电能计量装置配置原则。

答案：国家电价政策

9.《国家电网公司业扩供电方案编制导则》规定，用电信息采集终端指安装在用电信息采集点的设备，用于电能表数据的采集、__________、数据双向传输及转发或执行控制命令。用电信息采集终端按应用场所分为专用变压器采集终端、集中抄表终端（包括集中器、采集器）、__________等类型。

答案：数据管理　分布式能源监控终端

10.《国家电网公司业扩供电方案编制导则》规定，电能质量指供应到客户受电端的电能品质的优劣程度。通常以__________、电压允许波动和闪变、电压正弦波形畸变率、三相电压不平衡度、频率允许偏差等指标来衡量。

答案：电压允许偏差

11.《国家电网公司业扩供电方案编制导则》规定，谐波源指向公共电网注入__________或在公共电网中产生的__________电气设备。

答案：谐波电流　谐波电压

12.《国家电网公司业扩供电方案编制导则》规定，供电方案应能满足供用电__________、可靠、经济、运行灵活、管理方便的要求，并留有发展余度。

答案：安全

13.《国家电网公司业扩供电方案编制导则》规定，供电方案应符合电网建设、改造和发展规划要求；满足客户__________、__________对电力的需求，具有最佳的综合经济效益。

答案：近期　远期

14.《国家电网公司业扩供电方案编制导则》规定，供电方案应具有满足客户需求的供电__________及合格的__________质量。

答案：可靠性　电能

15.《国家电网公司业扩供电方案编制导则》规定，供电方案应根据__________及客户的用电容量、用电性质、__________、用电负荷重要程度等因素，确定供电方式和受电方式。

答案：电网条件　用电时间

16.《国家电网公司业扩供电方案编制导则》规定，供电方案应根据重要客户的分级确定供电电源及__________、自备应急电源及非电性质的保安措施配置要求。

答案：数量

17.《国家电网公司业扩供电方案编制导则》规定，对有受电工程的，应按照__________的原则，确定双方工程建设出资界面。

答案：产权分界划分

18.《国家电网公司业扩供电方案编制导则》规定，重要电力客户认定一般由各级供电企业或__________提出，经当地政府有关部门批准。

答案：电力客户

19.《国家电网公司业扩供电方案编制导则》规定，特级重要电力客户，是指在管理国家事务中具有特别重要作用，中断供电将可能危害__________的电力客户。

答案：国家安全

20.《国家电网公司业扩供电方案编制导则》规定，中断供电将可能造成较大范围社会公共秩序严重混乱的，属于__________重要电力客户。

答案：一级

21.《国家电网公司业扩供电方案编制导则》规定，中断供电将可能造成较大环境污染的，属于__________重要电力客户。

答案：二级

22.《国家电网公司业扩供电方案编制导则》规定，对于高压供电客户，在保证受电变压器不超载和安全运行的前提下，应同时考虑减少电网的无功损耗。一般客户的计算负荷宜等于变压器额定容量的__________。

答案：70% ~75%

23.《国家电网公司业扩供电方案编制导则》规定，居住区住宅及公共服务设施用电容量的确定应综合考虑所在城市的性质、社会经济、气候、民族、习俗及家庭能源使用的种类，同时满足应急照明和__________要求。

答案：消防设施

24.《国家电网公司业扩供电方案编制导则》规定，建筑面积在 $50m^2$ 及以下的住宅用电每户容量宜不小于__________ kW；大于 $50m^2$ 的住宅用电每户容量宜不小于__________ kW。

答案：4　　8

25.《国家电网公司业扩供电方案编制导则》规定，特级重要电力客户应具备__________电源供电条件。

答案：三路及以上

26.《国家电网公司业扩供电方案编制导则》规定，一级重要电力客户应采用__________供电，二级重要电力客户应采用__________供电。

答案：双电源　　双电源或双回路

27.《国家电网公司业扩供电方案编制导则》规定，双电源、多电源供电时宜采用__________电压等级电源供电，供电电源的切换时间和切换方式要满足重要电力客户允许中断供电时间的要求。

答案：同一

28.《国家电网公司业扩供电方案编制导则》规定，根据客户分级和城乡发展规划，选择采用架空线路、电缆线路或__________供电。

答案：架空－电缆线路

29.《国家电网公司业扩供电方案编制导则》规定，自备应急电源配置容量应至少满足全部保安负荷正常供电的需要。有条件的可设置专用__________。

答案：应急母线

30.《国家电网公司业扩供电方案编制导则》规定，电气主接线的主要形式包括桥形接线、单母线、单母线分段、双母线、__________。

答案：线路变压器组

31.《国家电网公司业扩供电方案编制导则》规定，特级重要客户可采用__________、一路热备用运行方式。

答案：两路运行

32.《国家电网公司业扩供电方案编制导则》规定，低压供电的客户，负荷电流为60A及以下时，电能计量装置接线宜采用__________式；负荷电流为60A以上时，宜采用__________式。

答案：直接接入　　经电流互感器接入

33.《国家电网公司业扩供电方案编制导则》规定，高压供电的客户，宜在高压侧计量；但对10kV供电且容量在315kVA及以下、35kV供电且容量在500kVA及以下的，高压侧计量确有困难时，可在__________计量，即采用__________方式。

答案：低压侧　　高供低计

34.《国家电网公司业扩供电方案编制导则》规定，接入中性点绝缘系统的电能计量装置，宜采用__________接线方式；接入中性点非绝缘系统的电能计量装置，应采用__________接线方式。

答案：三相三线　　三相四线

35.《国家电网公司业扩供电方案编制导则》规定，电容器的安装容量，应根据客户的________计算后确定。

答案：自然功率因数

36.《国家电网公司业扩供电方案编制导则》规定，10kV 及以上变电所宜采用________继电保护装置。

答案：数字式

37.《国家电网公司业扩供电方案编制导则》规定，备用电源自动投入装置，应具有________的功能。

答案：保护动作闭锁

38.《国家电网公司业扩供电方案编制导则》规定，受电电压在 10kV 及以上的________客户，需要实行电力调度管理。

答案：专线供电

39.《国家电网公司业扩供电方案编制导则》规定，35kV 及以下供电、用电容量不足 8000kVA 且有调度关系的客户，可利用________采集客户端的电流、电压及负荷等相关信息，配置专用通信市话与调度部门进行联络。

答案：用电信息采集系统

40.《国家电网公司业扩供电方案编制导则》规定，35kV 供电、用电容量在 8000kVA 及以上或 110kV 及以上的客户宜采用________或其他通信方式，通过远动设备上传客户端的遥测、遥信信息，同时应配置专用通信市话或系统调度电话与调度部门进行联络。

答案：专用光纤通道

二、不定项选择题

1.《国家电网公司业扩供电方案编制导则》规定，供电方案是指由（　　）提出，经供用电双方协商后确定，满足客户用电需求的电力供应具体实施计划。

A. 用电客户　　B. 电力企业

C. 电监部门　　D. 政府

答案：B

2.《国家电网公司业扩供电方案编制导则》规定，根据Ⅰ、Ⅱ类电能计量装置的电压互感器的准确度等级不应低于（　　）级。

A. 0.2S　　B. 0.5

C. 0.2　　D. 0.5S

答案：C

3.《国家电网公司业扩供电方案编制导则》规定，具有两回线路供电的二级负荷客户，35kV 及以上电压等级的电气主接线宜采用（　　）。

A. 桥形　　B. 单母线分段

C. 线路变压器组　　D. 双母线接线

答案：ABC

4.《国家电网公司业扩供电方案编制导则》规定，配置供电电源时，应依据（　　）、生产特性及当地供电条件等因素，经过技术经济比较、与客户协商后确定。

A. 客户分级　　B. 用电性质

C. 可靠性要求　　D. 用电容量

答案：ABD

5. 根据《国家电网公司业扩供电方案编制导则》的规定，以下（　　）需要实行电力调度管理。

A. 受电电压在 10kV 及以上的专线供电客户

B. 有多电源供电、受电装置的容量较大且内部接线复杂的客户

C. 有两回路及以上线路供电，并有并路倒闸操作的客户

D. 有自备电厂并网的客户

E. 重要电力客户或对供电质量有特殊要求的客户

答案：ABCDE

6.《国家电网公司业扩供电方案编制导则》规定，供电电源点确定的一般原则是（　　）。

A. 就近选择电源点　　B. 路径应短捷顺直

C. 减少与道路交叉　　D. 避免近电远供、迂回供电

答案：ABCD

7.《国家电网公司业扩供电方案编制导则》规定，农村地区低压供电容量，应根据当地农村电网综合配电（　　）的配置特点确定。

A. 小容量　　B. 大容量

C. 多布点　　D. 少布点

答案：AC

8.《国家电网公司业扩供电方案编制导则》规定，高压供电客户供电方案的基本内容是（　　）。

A. 客户基本用电信息　　B. 供电电源及每路进线的供电容量

C. 客户电气主接线及运行方式　　D. 受电工程建设投资界面

E. 供电方案的有效期

答案：ABCDE

9. 根据《国家电网公司业扩供电方案编制导则》的规定，以下（　　）用电单位应配置自备电源。

A. 一级重要客户　　B. 二级重要客户

C. 特级重要客户　　D. 普通电力客户

答案：ABC

10. 根据《国家电网公司业扩供电方案编制导则》的规定，以下（　　）情况可采用高供低计方式计量。

A. 10kV 供电且容量在 315kVA 及以下

B. 10kV 供电且容量在 500kVA 及以下
C. 35kV 供电且容量在 3150kVA 及以下
D. 35kV 供电且容量在 500kVA 及以下
答案：AD

11.《国家电网公司业扩供电方案编制导则》规定，客户的供电电压等级应根据（　　），经过技术经济比较后确定。
A. 当地电网条件　　B. 客户分级
C. 用电最大需量或受电设备总容量　　D. 用电性质
答案：ABC

12.《国家电网公司业扩供电方案编制导则》规定，根据电网条件及客户的（　　）等因素，确定供电方式和受电方式。
A. 用电容量　　B. 用电性质
C. 用电地点　　D. 用电时间
E. 用电负荷重要程度
答案：ABDE

13.《国家电网公司业扩供电方案编制导则》规定，电能计量方式指根据（　　），确定电能计量点和电能计量装置配置原则。
A. 电能计量的不同对象　　B. 客户供电方式
C. 国家电价政策要求　　D. 用电性质
答案：ABC

14.《国家电网公司业扩供电方案编制导则》规定，用电信息采集终端按应用场所分为（　　）等类型。
A. 专用变压器采集终端　　B. 集中抄表终端
C. 分布式能源监控终端　　D. 集中器
答案：ABC

15.《国家电网公司业扩供电方案编制导则》规定，大容量非线性负荷指接入 110kV 及以上电压等级电力系统的电弧炉、轧钢设备、地铁、电气化铁路牵引机车，以及单台 4000kVA 及以上整流设备等具有（　　）的负荷。
A. 波动性　　B. 冲击性
C. 不平衡性　　D. 不对称性
答案：ABD

16.《国家电网公司业扩供电方案编制导则》规定，抢险救灾、基建施工、（　　）等非永久性用电，可实施临时供电。
A. 集会演出　　B. 市政建设
C. 抗旱打井　　D. 防汛排涝
答案：ABCD

17.《国家电网公司业扩供电方案编制导则》规定，非电性质保安措施应符合客户的（　　），满足无电情况下保证客户安全的需要。

A. 负荷性质　　B. 用电容量

C. 生产特点　　D. 负荷特性

答案：CD

18.《国家电网公司业扩供电方案编制导则》规定，对于（　　）等有特殊要求的用电场所，应选用满足相应要求的自备应急电源。

A. 环保　　B. 防火

C. 防爆　　D. 温度

答案：ABC

19.《国家电网公司业扩供电方案编制导则》规定，客户用电设备总容量在（　　）MVA 时，宜采用 35kV 供电，客户用电设备总容量在（　　）MVA 时，宜采用 10kV 供电，无 35kV 电压等级的地区，10kV 电压等级的供电容量可扩大到（　　）MVA。

A. 5 ~ 40　　B. 10 ~ 40

C. 50 ~ 10　　D. 15

答案：ACD

20.《国家电网公司业扩供电方案编制导则》规定，根据对供电可靠性的要求及中断供电危害程度，重要电力客户可以分为特级、一级、二级重要电力客户和临时性重要电力客户。根据重要电力客户的分级，下列属特级重要电力客户的是（　　）。

A. 举办大型演唱会剧院　　B. 国家安全局通信保障

C. 高速铁路　　D. 化肥厂氯气生产车间

E. 造成一定范围社会公共秩序严重混乱的

F. 高考期间考场　　G. 军用飞机厂

答案：BG

21.《国家电网公司业扩供电方案编制导则》规定，根据重要电力客户的分级，下列属一级重要电力客户的是（　　）。

A. 举办大型演唱会剧院　　B. 国家安全局通信保障

C. 高速铁路　　D. 化肥厂氯气生产车间

E. 造成一定范围社会公共秩序严重混乱的

F. 高考期间考场　　G. 军用飞机厂

答案：CD

22.《国家电网公司业扩供电方案编制导则》规定，根据重要电力客户的分级，下列属临时性重要电力客户的是（　　）。

A. 举办大型演唱会剧院　　B. 国家安全局通信保障

C. 高速铁路　　D. 化肥厂氯气生产车间

E. 造成一定范围社会公共秩序严重混乱的

F. 高考期间考场　　G. 军用飞机厂

答案：AF

23.《国家电网公司业扩供电方案编制导则》规定，应分别装设电能计量装置的有（　　）。

A. 有两条及以上线路分别来自不同电源点或有多个受电点的客户
B. 客户一个受电点内不同电价类别的用电
C. 有送、受电量的地方电网和有自备电厂的客户，应在并网点上装设送、受电电能计量装置
D. 专线客户的变电站端和客户配电室进线端
答案：AB

三、判断题

1.《国家电网公司业扩供电方案编制导则》规定，如某负荷断电后将引起爆炸或火灾，则该负荷是一种保安负荷。(　　)

答案：√

2.《国家电网公司业扩供电方案编制导则》规定，应根据电能计量的不同对象、确定的客户供电方案及国家电价政策确定电能计量方式、用电信息采集终端安装方案。(　　)

答案：×

3.《国家电网公司业扩供电方案编制导则》规定，当不具备设计计算条件时，35kV及以上变电站电容器安装容量可按变压器容量的10%～30%确定。(　　)

答案：√

4.《国家电网公司业扩供电方案编制导则》规定，对有受电工程的，应按照产权分界划分的原则，确定双方工程建设出资界面。(　　)

答案：√

5.《国家电网公司业扩供电方案编制导则》规定，10kV及以上电压等级供电的客户，当单回路电源线路容量不满足负荷需求时，宜合理增加供电回路数，采用多回路供电。(　　)

答案：×

6.《国家电网公司业扩供电方案编制导则》规定，所有电能计量点均应安装用电信息采集终端。根据客户用电性质的不同选配用电信息采集终端。(　　)

答案：×

7.《国家电网公司业扩供电方案编制导则》规定，在电力系统正常状况下，供电企业供到客户受电端的供电电压允许偏差为：220V单相供电的，为额定值的±10%。(　　)

答案：×

8.《国家电网公司业扩供电方案编制导则》规定，对于非线性负荷设备用电，应按照“谁污染、谁治理”“同步设计、同步施工、同步投运、同步达标”的原则，在供电方案中，明确客户治理电能质量污染的责任及技术方案要求。(　　)

答案：√

9.《国家电网公司业扩供电方案编制导则》规定，客户负荷注入公共电网连接点的谐波电压限值及谐波电流允许值应符合《电能质量公用电网谐波》(GB/T 14549—1993)

国家标准的限值。(　　)

答案：√

10.《国家电网公司业扩供电方案编制导则》规定，客户的冲击性负荷产生的电压波动允许值，应符合《电能质量电压波动和闪变》（GB/T 12326—2008）国家标准的限值。(　　)

答案：√

11.《国家电网公司业扩供电方案编制导则》规定，无功电力应分层分区、就地平衡。客户应在提高自然功率因数的基础上，按有关标准设计并安装无功补偿设备。(　　)

答案：√

12.《国家电网公司业扩供电方案编制导则》规定，为提高客户电容器的投运率，并防止无功倒送，宜采用自动投切方式。(　　)

答案：√

13.《国家电网公司业扩供电方案编制导则》规定，100kVA 及以上高压供电的电力客户，在高峰负荷时的功率因数不宜低于 0.95；其他电力客户和大、中型电力排灌站、趸购转售电企业，功率因数不宜低于 0.90；农业用电功率因数不宜低于 0.80。(　　)

答案：×

14.《国家电网公司业扩供电方案编制导则》规定，当不具备设计计算条件时，电容器安装容量的确定应符合下列规定，10kV 变电站可按变压器容量的 10% ~30% 确定。(　　)

答案：×

15.《国家电网公司业扩供电方案编制导则》规定，客户变电站中的电力设备和线路的继电保护应有主保护、后备保护和故障运行保护，必要时可增设辅助保护。(　　)

答案：×

16.《国家电网公司业扩供电方案编制导则》规定，居住区住宅及公共服务设施用电容量的确定应综合考虑所在城市的性质、社会经济、气候、民族、习俗及家庭能源使用的种类，同时满足应急照明和消防设施要求。(　　)

答案：√

17.《国家电网公司业扩供电方案编制导则》要求，客户受电变压器总容量为 20 ~ 100MVA 时，宜采用 110kV 及以上电压等级供电。(　　)

答案：√

18.《国家电网公司业扩供电方案编制导则》规定，气体放电灯是谐波源。(　　)

答案：√

19.《国家电网公司业扩供电方案编制导则》规定，根据客户分级和用电需求，确定电源点的回路数和种类。(　　)

答案：√

20.《国家电网公司业扩供电方案编制导则》规定，对于环保、防火、防爆等有特殊要求的用电场所，应选用统一的自备应急电源。(　　)

答案：×

21.《国家电网公司业扩供电方案编制导则》规定，确定电气主接线的一般原则，在满足可靠性要求的条件下，宜增加电压等级或简化接线等。(　　)

答案：×

22.《国家电网公司业扩供电方案编制导则》规定，供电方案是指由客户提出，经供用双方协商后确定，满足客户用电需求的电力供应具体实施计划。供电方案可作为客户受电工程规划立项及设计、施工建设的依据。(　　)

答案：×

23.《国家电网公司业扩供电方案编制导则》规定，一级、二级重要电力客户应采用双电源或双回路供电。(　　)

答案：×

24.《国家电网公司业扩供电方案编制导则》规定，具有两回线路供电的一级负荷客户，其电气主接线的确定应符合35kV及以上电压等级应采用单母线分段接线或双母线接线。装设两台及以上主变压器。6～10kV侧应采用单母线分段接线。(　　)

答案：√

25.《国家电网公司业扩供电方案编制导则》规定，具有两回线路供电的一级负荷客户，其电气主接线的确定应符合10kV电压等级应采用单母线分段接线，装设两台及以上变压器，0.4kV侧应采用单母线分段接线。(　　)

答案：√

26.《国家电网公司业扩供电方案编制导则》规定，根据应用场所的不同选配用电信息采集终端。对高压供电的客户配置专用变压器采集终端，对低压供电的客户配置集中抄表终端，对有需要接入公共电网分布式能源系统的客户配置分布式能源监控终端。(　　)

答案：√

四、简答题

1. 根据《国家电网公司业扩供电方案编制导则》规定，简述什么是供电方案。

答案：供电方案是指由供电企业提出，经供用双方协商后确定，满足客户用电需求的电力供应具体实施计划。供电方案可作为客户受电工程规划立项以及设计、施工建设的依据。

2. 根据《国家电网公司业扩供电方案编制导则》规定，简述什么是双电源。

答案：双电源指由两个独立的供电线路向同一个用电负荷实施的供电。这两条供电线路是由两个电源供电，即由来自两个不同方向的变电站或来自具有两回及以上进线的同一变电站内两段不同母线分别提供的电源。

3. 根据《国家电网公司业扩供电方案编制导则》规定，简述什么是双回路。

答案：双回路指为同一用电负荷供电的两回供电线路。

4. 根据《国家电网公司业扩供电方案编制导则》规定，简述什么是保安负荷。

答案：保安负荷指用于保障用电场所人身与财产安全所需的电力负荷。一般认为，断电后会造成下列后果之一的，为保安负荷。

（1）直接引发人身伤亡的。

（2）使有毒、有害物溢出，造成环境大面积污染的。

（3）将引起爆炸或火灾的。

（4）将引起重大生产设备损坏的。

（5）将引起较大范围社会秩序混乱或在政治上产生严重影响的。

5. 根据《国家电网公司业扩供电方案编制导则》规定，简述什么是电能计量方式。

答案：电能计量方式指根据电能计量的不同对象、确定的客户供电方式和国家电价政策要求，确定电能计量点和电能计量装置配置原则。

6. 根据《国家电网公司业扩供电方案编制导则》规定，简述什么是用电信息采集终端。

答案：用电信息采集终端指安装在用电信息采集点的设备，用于电能表数据的采集、数据管理、数据双向传输及转发或执行控制命令。用电信息采集终端按应用场所分为专用变压器采集终端、集中抄表终端（包括集中器、采集器）、分布式能源监控终端等类型。

7. 根据《国家电网公司业扩供电方案编制导则》规定，简述什么是谐波源。

答案：谐波源指向公共电网注入谐波电流或在公共电网中产生谐波电压的电气设备，如电气机车、电弧炉、整流器、逆变器、变频器、相控的调速和调压装置、弧焊机、感应加热设备、气体放电灯及有磁饱和现象的机电设备。

8. 根据《国家电网公司业扩供电方案编制导则》规定，简述确定供电方案的基本原则。

答案：（1）应能满足供用电安全、可靠、经济、运行灵活、管理方便的要求，并留有发展余度。

（2）符合电网建设、改造和发展规划要求；满足客户近期、远期对电力的需求，具有最佳的综合经济效益。

（3）具有满足客户需求的供电可靠性及合格的电能质量。

（4）符合相关国家标准、电力行业技术标准和规程，以及技术装备先进要求，并应对多种供电方案进行技术经济比较，确定最佳方案。

9. 根据《国家电网公司业扩供电方案编制导则》规定，简述什么是重要电力客户。

答案：重要电力客户是指在国家或者一个地区（城市）的社会、政治、经济生活中占有重要地位，对其中断供电将可能造成人身伤亡、较大环境污染、较大政治影响、较大经济损失、社会公共秩序严重混乱的用电单位或对供电可靠性有特殊要求的用电场所。

10. 根据《国家电网公司业扩供电方案编制导则》规定要求，居民客户供电方案的基本内容有哪些?

答案：（1）客户基本用电信息，包括户名、用电地址、行业、用电性质，核定的用电容量。

（2）供电电压、供电线路、公用配变名称、供电容量、出线方式。

（3）进线方式、受电装置位置、计量点的设置，计量方式，计费方案，用电信息采集终端安装方案。

（4）供电方案的有效期。

11. 根据《国家电网公司业扩供电方案编制导则》规定，非线性负荷设备的主要种类有哪些？

答案：（1）换流和整流装置，包括电气化铁路、电车整流装置、动力蓄电池用的充电设备等。

（2）冶金部门的轧钢机、感应炉和电弧炉。

（3）电解槽和电解化工设备。

（4）大容量电弧焊机。

（5）大容量、高密度变频装置。

（6）其他大容量冲击设备的非线性负荷。

12. 根据《国家电网公司业扩供电方案编制导则》规定，对不同用户通信和自动化的要求有哪些？

答案：（1）35kV及以下供电、用电容量不足8000kVA且有调度关系的客户，可利用用电信息采集系统采集客户端的电流、电压及负荷等相关信息，配置专用通信市话与调度部门进行联络。

（2）35kV供电、用电容量在8000kVA及以上或110kV及以上的客户宜采用专用光纤通道或其他通信方式，通过远动设备上传客户端的遥测、遥信信息，同时应配置专用通信市话或系统调度电话与调度部门进行联络。

（3）其他客户应配置专用通信市话与当地供电公司进行联络。

第三节　报装接电专项治理行动优化营商环境工作方案

一、填空题

1.《国家电网关于印发报装接电专项治理行动优化营商环境工作方案的通知》（国家电网办〔2018〕150号）规定，为深入贯彻落实__________和__________，以及公司__________暨2018年工作会议部署，坚持以客户为中心，进一步推进业扩报装提质提效、改善我国营商环境，公司研究制订了《开展报装接电专项治理行动优化营商环境的工作方案》。

答案：党的十九大　中央经济工作会议精神　三届三次职代会

2.《国家电网关于印发报装接电专项治理行动优化营商环境工作方案的通知》规定，工作的总体思路中指出，开展为期两年的报装接电专项治理行动，实现__________、__________、__________、__________的办电服务新模式，营造良好营商环境，满足人民美好生活用电需要。

答案：环节少　时间短　造价低　服务优

3.《国家电网关于印发报装接电专项治理行动优化营商环境工作方案的通知》规定，加快实体供电营业厅“三型一化”指__________、__________、__________、__________。

答案：智能型　市场型　体验型　线上线下一体化

4.《国家电网关于印发报装接电专项治理行动优化营商环境工作方案的通知》规定，依托__________技术，开展“客户画像”、细分客户群体，提供差异化精准服务。

答案：大云物移智

5.《国家电网关于印发报装接电专项治理行动优化营商环境工作方案的通知》规定，对于临时用电客户，提供__________服务，由客户自行选择。

答案：变压器租赁

二、不定项选择题

1.《国家电网关于印发报装接电专项治理行动优化营商环境工作方案的通知》中的具体工作内容是（　　）。

A. 压减流程环节
B. 压减接电时间
C. 压减客户办电成本
D. 提高供电可靠性
E. 加强服务创新
F. 加强监督监察

答案：ABCDEF

2.《国家电网关于印发报装接电专项治理行动优化营商环境工作方案的通知》规定，压减接电时间的方式是（　　）。

A. 加快业务办理速度
B. 调整配套项目管理权限
C. 优化配套工程物资供应模式
D. 加快工程建设速度

答案：ABCD

3.《国家电网关于印发报装接电专项治理行动优化营商环境工作方案的通知》规定，压减客户办电成本的方式是（　　）。

A. 明确配套工程出资界面
B. 降低客户工程造价
C. 调整配套项目管理权限
D. 优化配套工程物资供应模式

答案：AB

三、判断题

1.《国家电网关于印发报装接电专项治理行动优化营商环境工作方案的通知》规定，提高供电可靠性的方法是全面推广不停电作业，优化电网运行方式和开展故障主动抢修。（　　）

答案：√

2.《国家电网关于印发报装接电专项治理行动优化营商环境工作方案的通知》规定，工作的总体思路围绕“三压减”是指压减流程环节、压减接电时间、压减客户办电成本。（　　）

答案：√

3.《国家电网关于印发报装接电专项治理行动优化营商环境工作方案的通知》规定，

通过加强业扩报装质效监控评价，完善专业评价考核体系，加强审计监察加强监督监察。(　　)

答案：√

四、简答题

1. 《国家电网关于印发报装接电专项治理行动优化营商环境工作方案的通知》提出的必要性和意义是什么？

答案：(1) 落实政府优化营商环境要求的重要举措。

(2) 满足人民美好生活用电需求的重要体现。

(3) 增强市场竞争力的重要手段。

2. 《国家电网关于印发报装接电专项治理行动优化营商环境工作方案的通知》规定，如何加强创新服务？

答案：(1) 开展办电主动服务。

(2) 优化整合服务渠道。

(3) 开展供电精准服务。

3. 《国家电网关于印发报装接电专项治理行动优化营商环境工作方案的通知》提出的工作目标是什么？

答案：(1) 高、低压客户办电环节压减至4个和3个。

(2) 10kV、400V非居民客户平均接电时间压减至80天和30天。

(3) 客户平均接电成本明显下降、供电可靠性稳步提升。

(4) 北京、上海地区世界银行评价类客户平均接电成本压减30%，供电可靠性指标通过两年努力得分达到7分以上，力争我国“获得电力”指标排名逐年提升，2018年进入前60位、2019年进入前50位。

第四节　电价政策及相关规定

一、填空题

1. 《国家发展改革委关于电动汽车用电价格政策有关问题的通知》(发改价格〔2014〕1668号) 规定，鼓励电动汽车在电力系统用电__________时段充电，提高电力系统利用效率，降低充电成本。

答案：低谷

2. 《国家发展改革委关于电动汽车用电价格政策有关问题的通知》规定，充换电设施经营企业可向电动汽车用户收取__________及__________两项费用。

答案：电费　　充换电服务费

3. 《国家发展改革委关于电动汽车用电价格政策有关问题的通知》规定，电费执行国家规定的电价政策，__________用于弥补充换电设施运营成本。

答案：充换电服务费

4.《国家发展改革委关于电动汽车用电价格政策有关问题的通知》规定，当电动车发展达到一定规模并在交通运输市场具有一定竞争力后，结合充换电设施服务市场发展情况，逐步放开__________，通过市场竞争形成。

答案：充换电服务费

二、不定项选择题

1.《功率因数调整电费办法》(〔83〕水电财字第215号）规定，电网高峰负荷时的功率因数，应达到下列规定：功率因素标准0.90适用于（　　）。

A. 160kVA 的高压供电工业用户

B. 大工业用户未划由电业直接管理的趸售用户

C. 装有负荷调整电压装置的高压供电电力用户

D. 3200kVA 及以上的高压供电电力排灌站

答案：CD

2.《国家发展改革委关于电动汽车用电价格政策有关问题的通知》规定，对向电网经营企业直接报装接电的经营性集中式充换电设施用电，执行（　　）用电价格。

A. 居民　　B. 一般工商业及其他

C. 大工业　　D. 趸售

答案：C

3.《国家发展改革委关于电动汽车用电价格政策有关问题的通知》规定，党政机关、企事业单位和社会公共停车场中设置的充电设施类用电执行（　　）用电价格。

A. 居民　　B. 一般工商业及其他

C. 大工业　　D. 趸售

答案：B

4.《国家发展改革委关于电动汽车用电价格政策有关问题的通知》规定，2020年前，对电动汽车（　　）实行政府指导价管理。

A. 电费　　B. 基本电费

C. 报装服务费　　D. 充换电服务费

答案：D

5.《国家发展改革委关于电动汽车用电价格政策有关问题的通知》规定，制定充换电服务费标准应遵循“（　　）”的原则，在国家及地方政府通过财政补贴、无偿划拨充换电设施建设场所等方式降低充换电设施建设运营成本的基础上，确保电动汽车使用成本显著低于燃油（或低于燃气）汽车使用成本，增强电动汽车在终端市场的竞争力。

A. 有倾斜　　B. 有优惠

C. 有补助　　D. 有补贴

答案：AB

三、判断题

1.《国家发展改革委关于电动汽车用电价格政策有关问题的通知》规定，对向电网经营企业直接报装接电的经营性集中式充换电设施用电，执行大工业用电价格。2020年前，暂收基本电费。(　　)

答案：×

2.《国家发展改革委关于电动汽车用电价格政策有关问题的通知》规定，其他充电设施按其所在场所执行分类目录电价。其中，居民家庭住宅、居民住宅小区、执行居民电价的非居民用户中设置的充电设施用电，执行居民用电价格。(　　)

答案：×

3.《国家发展改革委关于电动汽车用电价格政策有关问题的通知》规定，电动汽车充换电设施用电执行峰谷分时电价政策。(　　)

答案：√

4.《国家发展改革委关于电动汽车用电价格政策有关问题的通知》规定，充换电服务费标准上限由省级人民政府价格主管部门或其授权的单位制定并调整。(　　)

答案：√

四、简答题

《国家发展改革委关于电动汽车用电价格政策有关问题的通知》规定，对电动汽车充换电设施配套电网改造如何要求？

答案：电网企业要做好电动汽车充换电配套电网建设改造工作，电动汽车充换电设施产权分界点至电网的配套接网工程，由电网企业负责建设和运行维护，不得收取接网费用，相应成本纳入电网输配电成本统一核算。

第五节　分布式电源并网服务管理规则

一、填空题

1.《国家电网公司分布式电源并网服务管理规则》国网（营销/4）386—2014 第二条规定，按照“四个统一”　“便捷高效”和“一口对外”的基本原则，由公司__________、__________、__________、__________；进一步整合服务资源，压缩管理层级，精简并网手续，并行业务环节，推广典型设计，开辟“绿色通道”，加快分布式电源并网速度。

答案：统一管理模式　　统一技术标准　　统一工作流程　　统一服务规则

2.《国家电网公司分布式电源并网服务管理规则》第七条规定，分布式电源发电量可以全部自用或自发自用余电上网，由用户自行选择，用户不足电量由__________提供。

答案：电网

3.《国家电网公司分布式电源并网服务管理规则》第十一条规定，省公司发展策划部负责10kV、35kV电压等级接入分布式电源接入系统方案管理，负责对接入方案编审工作开展情况实施__________、__________。

答案：监督　　检查

4.《国家电网公司分布式电源并网服务管理规则》第十四条规定，地市、县供电企业营销部（客户服务中心）受理客户并网申请时，应主动提供并网咨询服务，履行__________义务，接受、查验并网申请资料，协助客户填写并网申请表，并于受理当日录入营销业务应用系统。

答案：一次性告知

5.《国家电网公司分布式电源并网服务管理规则》第十六条规定，地市供电企业经研所负责按照国家、行业、企业相关技术标准及规定，参考《分布式电源接入系统典型设计》制定接入系统方案。工作时限：第一类__________个工作日；第二类__________个工作日。

答案：30　　50

6.《国家电网公司分布式电源并网服务管理规则》第十八条规定，地市、县供电企业营销部（客户服务中心）负责组织相关部门审定多并网点380/220伏分布式电源接入系统方案，并出具评审意见。工作时限：__________个工作日。

答案：5

7.《国家电网公司分布式电源并网服务管理规则》第二十三条规定，公司为__________分布式光伏发电项目提供项目备案服务。

答案：自然人

8.《国家电网公司分布式电源并网服务管理规则》第二十八条规定，由用户出资建设的分布式电源及其接入系统工程，其__________、__________及__________由用户自主选择。

答案：设计单位　　施工单位　　设备材料供应单位

二、不定项选择题

1.《国家电网公司分布式电源并网服务管理规则》第八条规定，分布式光伏发电、分布式风电项目不收取系统备用容量费；对分布式光伏发电自发自用电量免收（　　）针对电量征收的政府性基金。

A. 可再生能源电价附加　　B. 国家重大水利工程建设基金

C. 大中型水库移民后期扶持基金　　D. 农网还贷资金

答案：ABCD

2.《国家电网公司分布式电源并网服务管理规则》第九条规定，公司在（　　）电能表安装、合同和协议签署、并网验收与调试、补助电量计量和补助资金结算服务中，不收取任何服务费用。

A. 并网申请受理　　B. 项目备案

C. 接入系统方案制订　　D. 设计审查

答案：ABCD

3.《国家电网公司分布式电源并网服务管理规则》第十条规定，国网营销部负责贯彻落实国家新能源发展相关政策规定，负责制定分布式电源并网服务管理规则，对分布式电源并网服务工作开展情况进行（　　），协调解决分布式电源并网服务过程中存在的矛盾和问题。

A. 统计　　B. 分析

C. 监督　　D. 检查

答案：ABCD

4.《国家电网公司分布式电源并网服务管理规则》第十一条规定，省公司安全监察质量部负责分布式电源接入电网安全管理；负责对本专业分布式电源管理要求的落实情况实施（　　）。

A. 监督　　B. 检查

C. 评价　　D. 上报

答案：AB

5.《国家电网公司分布式电源并网服务管理规则》第十二条规定，地市、县供电企业发展部门负责组织（　　）、接入系统方案审查，出具接入电网意见函。

A. 35kV　　B. 10kV

C. 380V　　D. 110kV

答案：AB

6.《国家电网公司分布式电源并网服务管理规则》第十二条规定，地市、县供电企业运检部门负责组织实施分布式电源接入引起的公共电网技改工程，参与（　　）与调试工作。

A. 现场勘查　　B. 接入系统方案

C. 设计文件审查　　D. 并网验收

答案：ABCD

7.《国家电网公司分布式电源并网服务管理规则》第十二条规定，地市供电企业经研所负责制定接入系统方案，参与（　　）评审。

A. 现场勘查　　B. 接入系统方案

C. 设计文件审查　　D. 并网验收

答案：AB

8.《国家电网公司分布式电源并网服务管理规则》第十九条规定，地市供电企业发展部负责组织相关部门审定（　　）接入项目接入系统方案，出具评审意见、接入电网意见函并转至地市供电企业营销部（客户服务中心）。工作时限：5个工作日。

A. 35kV　　B. 10kV

C. 380V　　D. 110kV

答案：AB

9.《国家电网公司分布式电源并网服务管理规则》第二十九条规定，地市、县供电企业负责分布式电源接入引起的公共电网改造工程，包括（　　）等建设。

A. 随公共电网线路架设的通信光缆

B. 相应公共电网变电站通信设备改造

C. 随电网架设的客户通信光缆

D. 随电网架设的客户通信设备改造

答案：AB

三、判断题

1.《国家电网公司分布式电源并网服务管理规则》第六条规定，接入点为公共连接点、发电量全部上网的发电项目，小水电，除第一、二类以外的分布式电源，本着简便高效原则做好并网服务，执行国家电网公司常规电源相关管理规定。（　　）

答案：√

2.《国家电网公司分布式电源并网服务管理规则》第十一条规定，省公司调度控制中心负责指导地市供电企业开展10kV、35kV分布式电源并网调度协议签订及并网验收工作，并对本专业分布式电源管理要求的落实情况实施监督、检查。（　　）

答案：√

3.《国家电网公司分布式电源并网服务管理规则》第十五条规定，地市、县供电企业营销部（客户服务中心）负责组织地市、县供电企业发展部、运检部（检修公司）、调控中心、经研所等部门（单位）开展现场勘查，并填写现场勘查工作单。工作时限：2个工作日。（　　）

答案：√

4.《国家电网公司分布式电源并网服务管理规则》第十七条规定，对于380/220V单点并网的分布式光伏发电项目，省公司营销部组织经研院（所）根据本地实际情况编制典型接入系统方案模板。（　　）

答案：√

5.《国家电网公司分布式电源并网服务管理规则》第二十条规定，地市、县供电企业营销部（客户服务中心）负责将接入系统方案确认单，35kV、10kV项目接入电网意见函告知项目业主。工作时限：3个工作日。（　　）

答案：√

6.《国家电网公司分布式电源并网服务管理规则》第二十六条规定，在受理客户设计审查申请后，地市供电企业营销部（客户服务中心）负责组织地市供电企业发展部、运检部（检修公司）、调控中心等部门（单位），依照国家、行业标准以及批复的接入系统方案对设计文件进行审查，并出具审查意见告知项目业主，项目业主根据答复意见开展接入系统工程建设等后续工作。工作时限：10个工作日。（　　）

答案：√

7.《国家电网公司分布式电源并网服务管理规则》第三十六条规定，国网客服中心应建立分布式电源并网服务关键环节过程回访机制，开展业主回访和满意度调查，定期提出改进分布式电源并网服务工作的建议，回访率应达到100%。（　　）

答案：√

8.《国家电网公司分布式电源并网服务管理规则》第七条规定，分布式电源发电量上、下网电量分开结算，各级供电公司均应按国家规定的电价标准全额保障性收购上网电量，为享受国家补贴的分布式电源提供补贴计量和结算服务。(　　)

答案：√

四、简答题

1. 根据《国家电网公司分布式电源并网服务管理规则》第三条规定，简述什么是分布式电源。

答案：分布式电源是指在用户所在场地或附近建设安装，运行方式以用户侧自发自用为主、多余电量上网，且在配电网系统平衡调节为特征的发电设施或有电力输出的能量综合梯级利用多联供设施。包括太阳能、天然气、生物质能、风能、地热能、海洋能、资源综合利用发电（含煤矿瓦斯发电）等。

2.《国家电网公司分布式电源并网服务管理规则》适用于哪种类型的分布式电源（不含小水电）？

答案：《国家电网公司分布式电源并网服务管理规则》适用于以下两种类型分布式电源（不含小水电）：

第一类：10kV 及以下电压等级接入，且单个并网点总装机容量不超过 6MW 的分布式电源。

第二类：35kV 电压等级接入，年自发自用电量大于 50% 的分布式电源；或 10kV 电压等级接入且单个并网点总装机容量超过 6MW，年自发自用电量大于 50% 的分布式电源。

第六节　客户安全用电服务若干规定

一、填空题

1.《国家电网有限公司客户安全用电服务若干规定》国网（营销/4）634—2019 第五条规定，各级营销部门负责客户安全用电服务的归口管理，组织__________、__________等部门完成竣工检验、用电检查等用电安全管理过程的业务指导及技术服务工作。

答案：设备　调度

2.《国家电网有限公司客户安全用电服务若干规定》第十一条规定，客户受电工程设计的审查应依照__________、__________标准以及供电方案要求进行，设计单位应具备相应的设计资质，设计应符合国家、行业、地方和公司有关技术规范。

答案：国家　行业

3.《国家电网有限公司客户安全用电服务若干规定》第十三条规定，在客户受电工程施工期间，应根据审核同意的设计文件和有关施工技术标准等，对受电工程隐蔽工程开展中间检查，包括__________、__________和__________、__________等，及时发现和纠正不符合相关要求的施工工艺及质量问题。

答案：施工单位资质　　电缆沟的施工　　电缆头的制作　　接地装置的埋设

4.《国家电网有限公司客户安全用电服务若干规定》第二十条规定，对重要电力用户每__________个月至少检查1次。

答案：6

二、不定项选择题

1.《国家电网有限公司客户安全用电服务若干规定》第十条规定，对于重要或者有特殊负荷（　　）的客户，需开展受电工程设计审查和中间检查。

A. 高次谐波　　B. 冲击性负荷

C. 波动负荷　　D. 非对称性负荷

答案：ABCD

2.《国家电网有限公司客户安全用电服务若干规定》第十八条规定，（　　）公司营销部负责开展保护和自动装置整定情况定期检查，检查客户内部主要电气设备是否按照整定单设置定值、继电保护装置是否正常运行。

A. 市县　　B. 省市

C. 市　　D. 县

答案：A

3.《国家电网有限公司客户安全用电服务若干规定》第二十条规定，用电安全检查服务分为（　　）。

A. 定期安全服务　　B. 特殊性安全检查服务

C. 专项安全检查服务　　D. 不定期安全检查服务

答案：AB

三、判断题

1.《国家电网有限公司客户安全用电服务若干规定》第十二条规定，自客户完成设计、收齐相关资料并提交设计审查申请起5个工作日内一次性出具设计审查意见。（　　）

答案：√

2.《国家电网有限公司客户安全用电服务若干规定》第十二条规定，自客户隐蔽工程完工、收齐相关资料并提交申请起3个工作日内一次性出具中间检查意见。（　　）

答案：√

3.《国家电网有限公司客户安全用电服务若干规定》第十二条规定，自客户提出申请并收齐相关资料起5个工作日内一次性出具竣工检验意见。（　　）

答案：√

4.《国家电网有限公司客户安全用电服务若干规定》第二十条规定，对35kV及以上电压等级的用户，宜6个月检查1次。（　　）

答案：√

四、简答题

1.《国家电网有限公司客户安全用电服务若干规定》第二十一条规定，客户用电安全检查服务的主要内容有哪些？

答案：客户用电安全检查服务的主要内容包括：

（1）用户受（送）电装置中电气设备及相应的设施运行安全状况；

（2）用户自备应急电源和非电性质的保安措施；

（3）用户反事故措施；

（4）特种作业操作证（电工）、进网作业安全状况及作业安全保障措施；

（5）用户执行需求响应、有序用电情况；

（6）电能计量装置、电力负荷控制装置、继电保护和自动装置、调度通信等安全运行状况；

（7）受（送）电端电能质量状况；

（8）设备预防性试验开展情况；

（9）并网电源、自备电源（分布式光伏及其配套储能装置等）并网安全状况；

（10）对重要电力用户，还应检查现有定级是否准确、供电电源配置与重要性等级是否匹配。

2.《国家电网有限公司客户安全用电服务若干规定》第二十条规定，定期安全服务是指什么？

答案：定期安全服务是指根据规定的检查周期和客户安全用电实际情况，制定检查计划，并按照计划开展的检查工作。

3. 根据《国家电网有限公司客户安全用电服务若干规定》第二十二条规定，客户用电安全检查的主要范围是客户的受（送）电装置，但客户有哪些情况时，检查服务的范围可延伸至相应目标所在处？

答案：（1）有多类电价的；

（2）有自备电源设备（包括自备发电厂、分布式电源等）的；

（3）有违约用电和窃电行为或存在安全隐患要延伸检查的；

（4）有影响电能质量的用电设备的；

（5）有影响电力系统的事故的；

（6）法律规定的其他用电检查。

第四章 企业文化及服务规范

第一节　企业文化

一、填空题

1. 截至 2021 年，国家电网有限公司连续__________年获国际三大评级机构国家主权信用评级。

答案：9

2. 国家电网有限公司建设能源互联网企业的过程，就是推动电网向能源__________、共享互济的过程，也是用互联网技术优化提升传统电网的过程。

答案：互联互通

3. 国家电网有限公司承担的社会责任主要包括有__________、__________、__________。

答案：促进节能减排　　建设生态文明　　支持公益事业

4. 国家发展改革委发布《关于进一步完善抽水蓄能价格形成机制的意见》明确以__________方式形成电量电价，将容量电价纳入输配电价回收。

答案：竞争性

5. __________是基于移动通信和互联网技术，在手机、掌上电脑、采集装置等移动终端上实现自动采集、业务操作和服务交互等功能，提高生产自动化和优质服务水平的一种创新商业模式。

答案：移动互联网

6. 国家电网有限公司“具有中国特色国际领先的能源互联网企业”的战略目标中，“中国特色”体现为走符合国情的__________和__________道路。

答案：电网转型发展　　电力体制改革

7. 国家电网有限公司以__________为核心业务。

答案：投资建设运营电网

8. 电力改革部署全面落地实施，各项试点深入推进，深刻改变行业生态、发展格局、利益关系。__________、__________的发展格局日益清晰，全国电力市场交易体系基本形成，增量配电和售电侧改革加快推进，电力市场开放力度持续加大。

答案：放开两头　　管住中间

二、不定项选择题

1. 习近平新时代中国特色社会主义思想的核心内容是（　　）。

A. “八个明确”和“十四个坚持”　　B. “六个明确”和“十四个坚持”

C. “八个明确”和“十五个坚持” D. “六个明确”和“十五个坚持”

答案：A

2. 社会主义核心价值观中社会层面的价值取向是（ ）。

A. 富强、民主、文明、和谐 B. 爱国、敬业、诚信、友善

C. 自由、民主、爱国、法治 D. 自由、平等、公正、法治

答案：D

3. 国家电网有限公司践行企业宗旨的具体体现有（ ）。

A. 始终坚持做大做优做强 B. 始终坚持以人民为中心的发展思想

C. 深入贯彻科学技术是第一生产力 D. 全面深化国有企业体制改革

答案：B

4. 国家电网有限公司“美好生活服务者”的定位，体现的是（ ）。

A. 作为国有重点骨干企业的属性 B. 作为能源电力企业的属性

C. 作为公用事业企业的属性 D. 引领全球能源革命先锋的属性

答案：C

5. 企业文化建设是国家电网有限公司强根铸魂工程的重要组成部分。“文化铸魂”行动就是要高举党建旗帜，（ ）。

A. 弘扬党内政治文化 B. 大力建设安全文化

C. 持续提升全球竞争力 D. 推动文化国际融入

答案：A

6. 站在“十四五”发展的新起点上，国家电网有限公司总部建设的目标是：着力打造“五强三优”的坚强公司总部。“五强”，即：政治能力强、战略统领力强、统筹组织力强、资源配置力强、风险防控力强；“三优”，即：（ ）。

A. 资产优良、业绩优秀、服务优质

B. 治理效能优、管控水平优、服务品质优

C. 资产优良、业绩优秀、服务优质

D. 治理效能优、业绩评价优、服务品质优

答案：D

7. 实现“双碳”目标，在能源供给侧，要构建多元化清洁能源供应体系。以下不属于能源供给侧举措的是（ ）

A. 积极推动海上风电开发 B. 加快煤电灵活性改造

C. 推广应用大规模储能装置 D. 持续推进乡村电气化

答案：D

8. 文化自信是一个国家、一个民族发展中（ ）的力量。

A. 更基本 B. 更深沉

C. 更基础 D. 更持久

答案：ABD

9. 国家电网有限公司践行“人民电业为人民”企业宗旨，具体体现在（ ）。

A. 牢记国家电网事业是党和人民的事业

B. 始终坚持以人民为中心的发展思想
C. 深入贯彻创新、协调、绿色、开放、共享的发展理念
D. 全面履行经济责任、政治责任、社会责任
答案：ABCD

10. 国家电网有限公司承担的政治责任主要包括有（　　）。
A. 贯彻中央决策　　B. 服务国家大局
C. 落实国家战略　　D. 支持公益事业
答案：ABC

11. 国家电网有限公司“具有中国特色国际领先的能源互联网企业”的战略目标，契合（　　），得到了广大职工强烈反响和一致认同。
A. 企情　　B. 网情
C. 国情　　D. 人情
答案：ABC

12. 国家电网有限公司将科技创新放在工作重中之重的位置是（　　）。
A. 服务创新型国家建设的需要　　B. 适应能源转型升级的需要
C. 实现公司战略目标的需要　　D. 提高公司盈利水平的需要
答案：ABC

13. 国家电网有限公司承担的经济责任主要包括有（　　）。
A. 持续提升运营效率效益　　B. 确保国有资产保值增值
C. 推进自主创新　　D. 增强国际竞争力
答案：ABCD

14. 以下关于我国“碳达峰、碳中和”目标表述正确的是（　　）。
A. 是推动我国从工业文明迈入生态文明的重要转变
B. “碳达峰”是基础前提，“碳中和”是最终目标
C. 是构建人类命运共同体的伟大实践
D. 是保障国家能源安全的重要举措
答案：ABCD

三、判断题

1. 社会主义核心价值观中社会层面的价值取向是自由、平等、公正、法治。（　　）
答案：√

2. 国家电网有限公司秉持“努力超越、追求卓越”的企业精神，具体体现在始终保持强烈的事业心、责任感，向着国际领先水平持续奋进，敢为人先、勇当排头，不断超越过去、超越他人、超越自我，坚持不懈地向更高质量发展、向更高目标迈进。（　　）
答案：√

3. 以企业文化激发企业内生动力，关键在于将企业文化真正融入企业经营管理全过程，根植于企业制度、员工行为。（　　）
答案：√

4. “放开中间、管住两头”的发展格局日益清晰，全国电力市场交易体系基本形成，增量配电和售电侧改革加快推进，电力市场开放力度持续加大。(　　)

答案：×

5. “具有中国特色国际领先的能源互联网企业”的战略目标，“国际领先”是追求。(　　)

答案：√

6. 国家电网有限公司承担的社会责任主要包括促进节能减排、建设生态文明、支持公益事业。(　　)

答案：√

7. 国家电网有限公司要全要素发力，为实现高质量发展提供不竭动力。要增强改革“第一动力”，强化管理“永恒主题”，释放数据“倍增效应”，激活人才“第一资源”。(　　)

答案：×

8. 国家电网有限公司“一体四翼”发展布局要坚持一业为主，加快电网向能源互联网升级。(　　)

答案：√

9. 电力供应低碳化是解决全球气候变化的根本出路。(　　)

答案：√

10. 碳中和是指国家、企业、产品、活动或个人在一定时间内直接或间接产生的二氧化碳或温室气体排放总量，通过使用低碳能源取代化石燃料、植树造林、节能减排等形式，以抵消自身产生的二氧化碳或温室气体排放量，实现正负抵消，达到相对“零排放”。(　　)

答案：√

11. 国家电网有限公司把经济建设摆在首位，筑牢国有企业的“根”和“魂”。(　　)

答案：×

12. 国家电网有限公司坚持人民电业为人民，为经济社会发展提供安全可靠优质的电力保障。(　　)

答案：√

第二节　供电服务规范

一、填空题

1.《国家电网公司供电服务规范》(国家电网生〔2003〕477 号)规定，为坚持“人民电业为人民”的__________，认真贯彻“__________、__________、__________、__________”的供电服务方针，特制定《国家电网公司供电服务规范》。

答案：服务宗旨　优质　方便　规范　真诚

2.《国家电网公司供电服务规范》规定，严格遵守国家法律、法规，__________、__________、爱岗敬业、乐于奉献、廉洁自律、秉公办事。

答案：诚实守信　恪守承诺

3.《国家电网公司供电服务规范》规定，对客户的咨询、投诉等__________、__________、__________，及时、耐心、准确地给予解答。

答案：不推诿　不拒绝　不搪塞

4.《国家电网公司供电服务规范》规定，遵守__________原则，尊重__________要求，不对外泄露客户的保密资料。

答案：国家的保密　客户的保密

5.《国家电网公司供电服务规范》规定，工作期间精神饱满，注意力集中。使用__________，提倡使用普通话。

答案：规范化文明用语

6.《国家电网公司供电服务规范》规定，应公布服务承诺、服务项目、__________、__________、收费标准和收费依据，接受社会与客户的监督。

答案：服务范围　服务程序

7.《国家电网公司供电服务规范》规定，从方便客户出发，合理设置__________或满足基本业务需要的代办点，并保证__________。

答案：供电服务营业网点　服务质量

8.《国家电网公司供电服务规范》规定，根据国家有关法律法规，本着__________、__________、__________的原则，以合同形式明确供电企业与客户双方的权利和义务。

答案：平等　自愿　诚实信用

9.《国家电网公司供电服务规范》规定，供电公司应聘请__________，定期召开客户座谈会并走访客户，听取客户意见，改进供电服务工作。

答案：供电服务质量监督员

10.《国家电网公司供电服务规范》规定，以实现__________为目标，开展电力需求侧管理和服务活动，减少客户用电成本，提高用电负荷率。

答案：全社会电力资源优化配置

11.《国家电网公司供电服务规范》规定，为客户提供服务时，应__________、__________、__________。

答案：礼貌　谦和　热情

12.《国家电网公司供电服务规范》规定，与客户会话时，应__________、__________，__________。

答案：亲切　诚恳　有问必答

13.《国家电网公司供电服务规范》规定，当客户的要求与政策、法律、法规及本企业制度相悖时，应向客户耐心解释，争取客户理解，做到__________。

答案：有理有节

14.《国家电网公司供电服务规范》规定，遇有客户提出__________时，应向客户__________。不得与客户发生争吵。

答案：不合理要求　委婉说明

15.《国家电网公司供电服务规范》规定，为行动不便的客户提供服务时，应主动给予__________和__________。对听力不好的客户，应适当提高语音，放慢语速。

答案：特别照顾　帮助

16.《国家电网公司供电服务规范》规定，与客户交接钱物时，应唱收唱付，__________、__________。

答案：轻拿轻放　不抛不丢

17.《国家电网公司供电服务规范》规定，减少因__________和电力系统事故对客户的停电次数及每次停电的持续时间。

答案：供电设备计划检修

18.《国家电网公司供电服务规范》规定，供电设施因计划检修需要停电时，应提前7天将__________、__________、__________和__________进行公告，并通知重要客户。

答案：停电区域　线路　停电时间　恢复供电的时间

19.《国家电网公司供电服务规范》规定，对紧急情况下的__________，客户询问时，应向客户做好解释工作，并尽快恢复__________。

答案：停电或限电　正常供电

20.《国家电网公司供电服务规范》规定，“95598”客户服务热线受理内容包括__________、__________、__________、用电信息查询、咨询、业务受理等。

答案：停电信息公告　电力故障报修　服务质量投诉

21.《国家电网公司供电服务规范》规定，因__________、__________引起停电，客户询问时，应告知客户停电原因，并主动致歉。

答案：输配电设备事故　检修

22.《国家电网公司供电服务规范》规定，对客户的受电工程不指定__________，不指定__________，不指定__________。

答案：设计单位　施工队伍　设备材料采购

23.《国家电网公司供电服务规范》规定，已受理的用电报装，供电方案答复时限：低压电力客户最长不超过__________；高压单电源客户最长不超过__________；高压双电源客户最长不超过__________。

答案：10天　1个月　2个月

24.《国家电网公司供电服务规范》规定，对客户送审的受电工程设计文件和有关资料答复时限：高压供电的最长不超过__________；低压供电的最长不超过__________。供电企业的审核意见应以书面形式连同审核过的受电工程设计文件一份和有关资料一并退还客户，以便客户据以施工。

答案：1个月　10天

25.《国家电网公司供电服务规范》规定，严格执行国家规定的__________及__________。严禁利用各种方式和手段变相扩大收费范围或提高收费标准。

答案：电费电价政策　业务收费标准

26.《国家电网公司供电服务规范》中“__________”的规定就是无论办理业务是否对口，接待人员都要认真倾听、热心引导、快速衔接，并为客户提供准确的联系人、联系电话和地址。

答案：首问负责制

27.《国家电网公司供电服务规范》规定，营业场所外设置规范的__________和__________。

答案：供电企业标志　　营业时间牌

28.《国家电网公司供电服务规范》规定，对客户受电工程的中间检查和竣工检验，对检查或检验不合格的，应向客户耐心说明，并留下__________。客户改正后予以再次检验，直至合格。

答案：书面整改意见

29.《国家电网公司供电服务规范》规定，对客户受电工程的中间检查和竣工检验，应以有关的法律法规、__________、__________、施工设计为依据，不得提出不合理要求。

答案：技术规范　　技术标准

30.《国家电网公司供电服务规范》规定，供电企业在新装、换装及现场校验后应对__________加封，并请客户在工作凭证上签章。

答案：电能计量装置

31.《国家电网公司供电服务规范》规定，供电企业应按__________的周期检验或检定、轮换计费电能表，并对电能计量装置进行不定期检查。发现计量装置失常时，应及时查明原因并按规定处理。

答案：规程规定

32.《国家电网公司供电服务规范》规定，发现因__________责任引起的电能计量装置损坏，应礼貌地与客户分析损坏原因，由客户确认，并在工作单上签字。

答案：客户

33.《国家电网公司供电服务规范》规定，客户对计费电能表的准确性提出异议，并要求进行校验的，经有资质的__________机构检定。

答案：电能计量技术检定

34.《国家电网公司供电服务规范》规定，进行有偿服务工作时，应向客户逐一列出修复项目、__________、__________、单价等清单，并经客户确认、签字。付费后，应开具正式发票。

答案：收费标准　　消耗材料

35.《国家电网公司供电服务规范》规定，规范投诉举报__________，建立严格的供电服务投诉举报__________。

答案：处理程序　　管理制度

36.《国家电网公司供电服务规范》规定，处理客户投诉应以__________为依据，以维护客户的合法权益和保护为__________原则。

答案：事实和法律　　国有财产不受侵犯

37.《国家电网公司供电服务规范》规定，建立对__________的回访制度。及时跟踪投诉举报处理进展情况，进行督办，并适时予以通报。

答案：投诉举报客户

38.《国家电网公司供电服务规范》规定，供电企业应向客户提供不少于__________种可供选择的缴纳电费方式。

答案：两

39.《国家电网公司供电服务规范》规定，在尊重客户、有利于公平结算的前提下，供电企业可采用客户乐于接受的__________、结算和__________进行抄表收费工作。

答案：技术手段　　付费方式

40.《国家电网公司供电服务规范》规定，提供24h电力故障报修服务，对电力报修请求做到__________、__________。

答案：快速反应　　有效处理

41.《国家电网公司供电服务规范》规定，加快故障抢修速度，缩短故障处理时间。有条件的地区应配备用于__________供电的发电车。

答案：临时

42.《国家电网公司供电服务规范》规定，产权不属于供电企业的电力设施进行__________和__________实行有偿服务的原则。

答案：维护　　抢修

43.《国家电网公司供电服务规范》规定，应客户要求进行有偿服务的，电力修复或更换电气材料的费用，执行__________部门核定的收费标准。

答案：省（自治区、直辖市）物价管理

二、不定项选择题

1.《国家电网公司供电服务规范》规定，提供24h电力故障报修服务，对电力报修请求做到（　　）。

A. 快速反应　　B. 有效处理

C. 及时消缺　　D. 及时反馈

答案：AB

2.《国家电网公司供电服务规范》规定，营业场所的服务内容有（　　）。

A. 受理电力客户新装或增加用电容量

B. 受理电力客户业务咨询与查询、交纳电费

C. 受理电力客户报修

D. 受理电力客户信息更新

E. 受理电力客户投诉等

答案：ABCE

3.《国网公司供电服务规范》规定，因故对客户实施停电时，应严格按照（　　）规定的程序办理。

A.《国网公司供电服务规范》　　B.《供电营业规则》

C.《中华人民共和国电力法》 D.《电力供应与使用条例》

答案：B

4.《国家电网公司供电服务规范》规定，现场工作结束后，应（ ）。

A. 立即清扫，不能留有废弃物，做到设备、场地清洁

B. 向客户交待有关注意事项

C. 主动征求客户意见

D. 留下联系电话

答案：BC

5.《国家电网公司供电服务规范》规定，供电公司应严格执行（ ）规定的电费电价政策及业务收费标准。

A. 国务院 B. 物价部门管理部门

C. 供电管理部门 D. 国家

答案：D

6.《国家电网公司供电服务规范》规定，供电设备计划检修时，对10kV电压等级供电的客户，每年不应超过（ ）次。

A. 1 B. 2

C. 3 D. 4

答案：C

7.《国家电网公司供电服务规范》规定，在电力系统非正常状况下，10kV及以下三相供电的，客户受电端的供电电压允许偏差为额定值的（ ）。

A. 10% B. +7%，-10%

C. ±10% D. ±7%

答案：C

8.《国家电网公司供电服务规范》规定，供电设施因临时检修需要停电的，应提前（ ）h通知重要用户或进行公告。

A. 12 B. 24

C. 48 D. 72

答案：B

9.《国家电网公司供电服务规范》规定，拆回的电能计量装置应在表库至少存放（ ），以便客户提出异议时进行复核。

A. 1个月 B. 2个月

C. 3个月 D. 15天

答案：A

10.《国家电网公司供电服务规范》规定，现场服务规范中指出，受理居民客户申请用电后，（ ）个工作日内送电。

A. 3 B. 5

C. 7 D. 10

答案：B

11. 《国家电网公司供电服务规范》规定，办理居民客户收费业务的时间一般每件不超过（　　）min，办理客户用电业务的时间一般每件不超过（　　）min。

A. 3，10　　B. 5，10

C. 10，20　　D. 5，20

答案：D

12. 《国家电网公司供电服务规范》规定，受理居民客户申请用电后，（　　）个工作日内送电；其他客户在受电装置验收合格并签订供用电合同后，（　　）个工作日内送电。

A. 3，5　　B. 5，3

C. 3，3　　D. 5，5

答案：D

13. 《国家电网公司供电服务规范》规定，接到客户投诉或举报时，应向客户致谢，详细记录具体情况后，立即转递相关部门或领导处理。投诉在（　　）天内、举报在（　　）天内答复。

A. 3，5　　B. 5，3

C. 5，10　　D. 10，5

答案：C

14. 《国家电网公司供电服务规范》规定，在公共场所施工应有安全措施，悬挂（　　），并配有礼貌用语。

A. 告示牌　　B. 施工单位标志

C. 警示标志　　D. 安全标志

答案：BD

15. 《国家电网公司供电服务规范》规定，（　　）不是营业场所内应公布的信息。

A. 服务承诺　　B. 供电服务项目

C. 电价表　　D. 业务办理程序

E. 业务联系电话　　F. 岗位纪律

G. 服务及投诉电话　　H. 收费项目及收费标准

答案：E

16. 《国家电网公司供电服务规范》是电网经营企业和供电企业在电力供应经营活动中，为客户提供供电服务时应达到的（　　）。

A. 基本行为准则　　B. 基本行为规范

C. 质量标准　　D. 行为标准

答案：BC

17. 《国家电网公司供电服务规范》规定，现场服务内容包括（　　）。

A. 客户侧计费电能表电量抄见　　B. 故障抢修

C. 客户侧停电、复电　　D. 客户侧用电情况的巡查

答案：ABCD

18. 《国家电网公司供电服务规范》规定，对供电服务人员行为举止规范要求叙述不

准确的是（　　）。

A. 站立时，双手交叠自然下垂，双脚并拢，脚跟相靠，脚尖微开，不得双手抱胸、叉腰

B. 坐下时，上身自然挺直，两肩平衡放松，后背与椅背不得留有间隙，不用手托腮或趴在工作台上，不抖动腿和跷二郎腿

C. 走路时，步幅适当，节奏适宜，不奔跑追逐，不边走边大声谈笑喧哗

D. 避免在客户面前打哈欠、打喷嚏，难以控制时，应侧面回避，并向对方致歉

答案：ABD

三、判断题

1.《国家电网公司供电服务规范》规定，进入居民室内时，应先按门铃或轻轻敲门，主动出示工作证件，征得同意后，即可入内。（　　）

答案：×

2.《国家电网公司供电服务规范》规定，与客户交接物品时，应唱收唱付、轻拿轻放、不抛不丢。（　　）

答案：×

3.《国家电网公司供电服务规范》规定，与客户会话时，应热情、诚恳，有问必答。（　　）

答案：×

4.《国家电网公司供电服务规范》规定，无论产权是否属于供电企业，应坚持以客户为中心，对电力设施进行维护和抢修实行无偿服务的原则。（　　）

答案：×

5.《国家电网公司供电服务规范》规定，城市居民客户端电压合格率不低于97%，农网居民客户端电压合格率不低于95%。（　　）

答案：×

6.《国家电网公司供电服务规范》规定，供电服务人员上岗必须统一着装，并佩戴工号牌。（　　）

答案：√

7.《国家电网公司供电服务规范》规定，到客户现场工作时，应携带必备的工具和材料，不得借用客户物品。（　　）

答案：×

8.《国家电网公司供电服务规范》规定，供电部门确需调整抄表时间的，应事先通知客户。（　　）

答案：√

9.《国家电网公司供电服务规范》规定，严格遵守国家法律、法规，诚实守信、恪守承诺。爱岗敬业、乐于奉献、廉洁自律、秉公办事。（　　）

答案：√

10.《国家电网公司供电服务规范》规定，在电力系统正常状况下，客户受电端的供

电电压允许偏差为：220V 单相供电的，为额定值的 +7%，−10%。（　　）

答案：√

11.《国家电网公司供电服务规范》规定，供电设备计划检修时，对 35kV 及以上电压等级供电的客户的停电次数，每年不应超过 1 次；对 10kV 电压等级供电的客户，每年不应超过 3 次。（　　）

答案：√

四、简答题

1.《国家电网公司供电服务规范》规定，仪容仪表规范是什么？

答案：（1）供电服务人员上岗必须统一着装，并佩戴工号牌。

（2）保持仪容仪表美观大方，不得浓妆艳抹，不得敞怀、将长裤卷起，不得戴墨镜。

2.《国家电网公司供电服务规范》规定，基本道德和技能规范是什么？

答案：（1）严格遵守国家法律、法规，诚实守信、恪守承诺。爱岗敬业、乐于奉献、廉洁自律、秉公办事。

（2）真心实意为客户着想，尽量满足客户的合理要求。对客户的咨询、投诉等不推诿、不拒绝、不搪塞，及时、耐心、准确地给予解答。

（3）遵守国家的保密原则，尊重客户的保密要求，不对外泄露客户的保密资料。

（4）工作期间精神饱满，注意力集中。使用规范化文明用语，提倡使用普通话。

（5）熟知本岗位的业务知识和相关技能，岗位操作规范、熟练，具有合格的专业技术水平。

3.《国家电网公司供电服务规范》规定，抄表服务规范有哪些？

答案：（1）供电企业应在规定的日期准确抄录计费电能表读数。因客户的原因不能如期抄录计费电能表读数时，可通知客户待期补抄或暂按前次用电量计收电费，待下一次抄表时一并结清。确需调整抄表时间的，应事先通知客户。

（2）供电企业应向客户提供不少于两种可供选择的缴纳电费方式。

（3）在尊重客户、有利于公平结算的前提下，供电企业可采用客户乐于接受的技术手段、结算和付费方式进行抄表收费工作。

4.《国家电网公司供电服务规范》规定，到客户现场工作时对工具和材料的使用有何规定？

答案：到客户现场工作时，应携带必备的工具和材料。工具、材料应摆放有序，严禁乱堆乱放。如需借用客户物品，应征得客户同意，用完后先清洁再轻轻放回原处，并向客户致谢。

5.《国家电网公司供电服务规范》规定，现场服务内容包括哪些？

答案：（1）客户侧计费电能表电量抄见。

（2）故障抢修。

（3）客户侧停电、复电。

（4）客户侧用电情况的巡查。

（5）客户侧用电报装工程的设施安装、验收、接电前检查及设备接电。

（6）客户侧计费电能表现场安装、校验。

6.《国家电网公司供电服务规范》规定，在公共场所施工及现场工作结束后，有何注意事项？

答案：在公共场所施工，应有安全措施，悬挂施工单位标志、安全标志，并配有礼貌用语。在道路两旁施工时，应在恰当位置摆放醒目的告示牌。

现场工作结束后，应立即清扫，不能留有废料和污迹，做到设备、场地清洁。同时应向客户交待有关注意事项，并主动征求客户意见。电力电缆沟道等作业完成后，应立即盖好所有盖板，确保行人、车辆通行。

第三节 十项承诺和十个不准

一、填空题

1.《国家电网有限公司关于修订发布供电服务“十项承诺”和员工服务“十个不准”的通知》国家电网办〔2020〕16号规定，各单位要严格执行新“两个十条”，不断创新服务手段和服务内容，切实规范员工服务行为，有效防止“__________”问题发生，持续提升客户满意度和获得感，把__________的企业宗旨落到实处。

答案：蝇贪蚁腐　人民电业为人民

2.《国家电网有限公司关于修订发布供电服务“十项承诺”》第一条规定，城市电网平均供电可靠率达到__________%，居民客户端平均电压合格率达到__________%；农村电网平均供电可靠率达到__________%，居民客户端平均电压合格率达到__________%。

答案：99.9　98.5　99.8　97.5

3.《国家电网有限公司关于修订发布供电服务“十项承诺”》第三条规定，提供24h电力故障报修服务，供电抢修人员到达现场的平均时间一般为：城区范围__________min，农村地区__________min，特殊边远地区__________h。到达现场后恢复供电平均时间一般为：城区范围__________h，农村地区__________h。

答案：45　90　2　3　4

4.《国家电网有限公司关于修订发布供电服务“十项承诺”》第四条规定，严格执行价格主管部门制定的电价和收费政策，及时在__________、网上国网App（微信公众号）、“95598”网站等渠道公开__________、__________和__________。

答案：供电营业场所　电价　收费标准　服务程序

5.《国家电网有限公司关于修订发布供电服务“十项承诺”》第五条规定，渠道服务丰富便捷。通过供电营业场所、“95598”电话（网站）、网上国网App（微信公众号）等渠道，提供__________、__________、__________、__________、__________、__________、__________等服务，实现线上一网通办、线下一站式服务。

答案：咨询　办电　交费　报修　节能　电动汽车　新能源并网

6.《国家电网有限公司关于修订发布供电服务“十项承诺”》第八条规定，电费服务温馨便利。通过短信、线上渠道信息推送等方式，告知客户电费发生及余额变化情况，提醒客户及时交费；通过邮箱订阅、线上渠道下载等方式，为客户提供电子发票、电子账单，推进客户电费交纳“__________”。

答案：一次都不跑

二、不定项选择题

1.《国家电网有限公司关于修订发布供电服务“十项承诺”》第六条规定，低压客户平均接电时间：居民客户（　　）个工作日，非居民客户（　　）个工作日。

A. 3，5　　B. 5，7

C. 5，15　　D. 5，10

答案：C

2.《国家电网有限公司关于修订发布供电服务“十项承诺”》第十条规定，保底服务尽职履责。公开公平地向售电主体及其用户提供（　　）等各类供电服务，并按约定履行保底供应商义务。

A. 提供报装　　B. 计量

C. 抄表　　D. 结算

E. 维修

答案：ABCDE

三、判断题

1.《国家电网有限公司关于修订发布供电服务“十项承诺”》第二条规定，临时检修停电，提前通知重要用户。(　　)

答案：√

2.《国家电网有限公司关于修订发布供电服务“十项承诺”》第七条规定，电表异常快速响应。受理客户计费电能表校验申请后，5 个工作日内出具检测结果。客户提出电表数据异常后，5 个工作日内核实并答复。(　　)

答案：√

3.《国家电网有限公司关于修订发布供电服务“十项承诺”》第九条规定，“95598”电话（网站）、网上国网 App（微信公众号）等渠道受理客户投诉后，24h 内联系客户，5 个工作日内答复处理意见。(　　)

答案：√

4.《国家电网有限公司关于修订发布供电服务“十项承诺”》第六条规定，高压客户供电方案答复期限：单电源供电 15 个工作日，双电源供电 30 个工作日。(　　)

答案：√

5.《国家电网有限公司关于修订发布供电服务“十项承诺”》第六条规定，高压客户装表接电期限：受电工程检验合格并办结相关手续后 5 个工作日。(　　)

答案：√

四、简答题

请简述国家电网有限公司员工服务“十个不准”内容是什么？

答案：1. 不准违规停电、无故拖延检修抢修和延迟送电。

2. 不准违反政府部门批准的收费项目和标准向客户收费。

3. 不准无故拒绝或拖延客户用电申请、增加办理条件和环节。

4. 不准为客户工程指定设计、施工、供货单位。

5. 不准擅自变更客户用电信息、对外泄露客户个人信息及商业秘密。

6. 不准漠视客户合理用电诉求、推诿搪塞怠慢客户。

7. 不准阻塞客户投诉举报渠道。

8. 不准营业窗口擅自离岗或做与工作无关的事。

9. 不准接受客户吃请和收受客户礼品、礼金、有价证券等。

10. 不准利用岗位与工作便利侵害客户利益、为个人及亲友谋取不正当利益。

第五章 能效服务

第一节　能效服务

一、填空题

1. 电能替代设备是指利用电能驱动，实现与＿＿＿＿、＿＿＿＿、＿＿＿＿驱动装置相同功能的设备。

答案：燃煤　燃油　燃气

2. 设备根据接入情况，应选配＿＿＿＿、＿＿＿＿、＿＿＿＿、＿＿＿＿等保护。

答案：过流　漏电　过压　缺相

3. 一体蓄热式电供暖系统是将电热装置和＿＿＿＿集成为一体的蓄热式电供暖系统。

答案：蓄热装置

4. 蓄热式电供暖系统可利用＿＿＿＿电力将蓄热体加热到一定的温度，存储热量，在非谷电时段释放热量，提供全部或部分供暖所需热量。

答案：低谷时段

5. 船舶岸电系统包括岸电电源＿＿＿＿、接插件、电缆及电缆卷筒等设备。

答案：接电箱

6. 电锅炉接入电网后设备的功率因数应不低于＿＿＿＿。

答案：0.95

7. 电缆沿海应用时抗风能力不应低于＿＿＿＿级。

答案：12

8. 电供暖系统一般包括电供暖设备、监控系统和＿＿＿＿等部分组成。

答案：运营服务平台

9. 大力推行＿＿＿＿管理，鼓励节能技术和经营模式创新，发展综合能源服务。

答案：合同能源

10. 从行业分布来看，存量市场主要分布在轻纺、＿＿＿＿、＿＿＿＿、＿＿＿＿、＿＿＿＿、冶金和军工等领域，其中轻纺领域和能源占比较大，分别为21%和19%。

答案：石油　建材　建筑　化工

二、不定项选择题

1. 电转动力类电能替代设备中工/农业生产类设备根据应用场景不同主要包括

（　　）、油田钻机、油气管线电力加压设备等。

A. 辅助电动力设备　　B. 矿山采选设备

C. 农业电排灌设备　　D. 农业辅助生产设备

答案：ABCD

2. 分散电采暖设备当（　　）有较大变化，可能影响产品性能。

A. 设计　　B. 工艺

C. 材料　　D. 生产

答案：ABC

3. “煤改电”建设改造以满足和适应（　　）、配电网智能化及新技术应用等配电网发展需求。

A. 配电网供电能力提高　　B. 配电网网架结构优化完善

C. 设备设施健康水平提升　　D. 配电自动化和信息化覆盖

答案：ABCD

4. 清洁高效开发利用化石能源包括（　　）。

A. 推进煤炭安全智能绿色开发利用　　B. 清洁高效发展火电

C. 提高天然气生产能力　　D. 提升石油勘探开发与加工水平

答案：ABCD

5. 有效缓解弃风、弃光、弃水，促进清洁能源消纳。在“三北”风、光电清洁能源富裕地区实现了（　　），促进了当地富余风、光清洁能源就地消纳。

A. 蓄能供暖　　B. 风（光）电供暖

C. 燃煤供暖　　D. 天然气供暖

答案：AB

6. 完善可再生能源开发利用目标监测评价制度，推动实行可再生能源电力配额制，落实可再生能源优先发电制度，推进可再生能源电力参与市场化交易，建立可再生能源电力消纳激励机制，做好（　　）等考核政策的衔接。

A. 可再生能源消纳　　B. 节能减排

C. 电力规划　　D. 能源消费总量控制

答案：ABD

7. 电能替代设备是利用电能驱动，实现与（　　）驱动装置相同功能的设备。可是单个设备，也可是包含软件和多个设备在内的成套设备。根据电能转化形成能量的类别，将电能替代设备分为电制热/冷、电转动力两类。

A. 燃柴　　B. 燃煤

C. 燃油　　D. 燃气

答案：BCD

8. 在（　　）、酒店、机场航站楼等建筑推广应用热泵、电蓄冷空调、蓄热电锅炉等，促进电力负荷移峰填谷，提高社会用能效率。

A. 城市大型商场　　B. 办公楼

C. 新建居民住宅　　D. 工厂

答案：AB

三、判断题

1. 静止式岸电装置是一种输入电压为三相、输入频率为50Hz，输出电压为1000V及以下、输出频率为50Hz，放置在岸上或浮船坞，用于向在场（厂）靠泊的船舶或其用电部件供电的静止式电源。（ ）

答案：×

2. 船用耦合器能根据需要，连接一根软电缆到船上的器件，它是由船用连接器和船用输入插座两部分组合而成。（ ）

答案：√

3. 高压岸电电源过载能力应不小于1.2倍额定功率。（ ）

答案：×

4. 船舶岸电系统任何节点的断路器分断能力应不小于系统的最大预期短路电流。（ ）

答案：√

5. 新建码头的船舶岸电设施用电需求应根据码头性质、规模等综合确定。（ ）

答案：√

6. 电锅炉接入电网配置变压器，应考虑电锅炉的保护接地方式，针对电锅炉的实际保护接地方式进行配电设计。（ ）

答案：√

7. 分散电采暖设备接入电压为220V或380V。（ ）

答案：√

四、简答题

1. 周期性供电检验应包括哪几项内容?

答案：①外观检查；②绝缘检测；③接地检测；④主要设备功能、性能检测；⑤耐压试验。

2. 电能替代设备接入电网一般要求是什么?

答案：①电能替代设备接入电网应有相应的安全保护措施，不应影响电网的安全运行；②接入电网电压等级一般根据当地电网情况、电能替代设备用电容量，并考虑用电设备同时率等因素，经技术经济比较后确定，需满足电网相关标准要求。

3. 高压岸电电源满足功能要求有哪些?

答案：①应具备恒压和恒频输出能力；②采用船岸不断电转换方式时，高压岸电电源应具备发电机运行特性，具备电压频率下垂控制、电子惯性设定等功能；③宜配置隔离变压器实现船、岸配电系统的电气隔离；④船岸电源同步由船侧装置实现。

4. 推进北方地区冬季清洁取暖的基本原则是什么?

答案：一是坚持清洁替代，安全发展。二是坚持因地制宜，居民可承受。三是坚持全面推进，重点先行。四是坚持企业为主，政府推动。五是坚持军民一体，协同推进。

第二节 需求响应

一、填空题

1. 电力用户对实施机构发布的价格信号或激励机制做出响应，并改变电力消费模式的一种参与行为叫作＿＿＿＿＿。

答案：需求响应

2. 通过信息双向互动，实现需求响应信息处理、运行监控、业务管理、计划监管等功能的软硬件系统。设定好初始条件后，能够自动执行需求响应的系统，为自动＿＿＿＿＿。

答案：需求响应系统

3. 需求响应终端指的是能与用电系统或设备双向通信，实现＿＿＿＿＿、＿＿＿＿＿及＿＿＿＿＿等功能，并能够与需求响应服务系统（聚合系统）进行信息交互的设备。

答案：数据采集　数据存储　控制信息发送

4. ＿＿＿＿＿能够按照需求响应事件要求，调节运行状态的需求侧负荷、分布式电源、储能等。

答案：需求响应资源

5. 需求响应参与用户包括＿＿＿＿＿类。

答案：二

6. 系统应按需求响应项目中的响应有效性判定原则，以及需求响应计划实施过程中的用户＿＿＿＿＿信息，判定用户响应的有效性。

答案：用电负荷

7. 利用用户的＿＿＿＿＿信息计算用户的需求响应基线负荷。

答案：历史用电负荷

8. 有序用电工作的主要内容包括基础管理、方案制定、＿＿＿＿＿、＿＿＿＿＿、＿＿＿＿＿等内容。

答案：方案实施　监督检查　保障措施

9. 电力需求数据包括全社会用电量及分类明细，地区最大用电负荷、＿＿＿＿＿、＿＿＿＿＿、＿＿＿＿＿、＿＿＿＿＿、投产情况、接电情况等。

答案：平均负荷　负荷率　用电峰谷差　业扩报装进度

10. 常用的电力负荷预测方法有电力弹性系数法、负荷密度法、回归分析法、时间序列法、＿＿＿＿＿、＿＿＿＿＿、＿＿＿＿＿、＿＿＿＿＿等，应根据实际情况选择建立合适的预测模型。

答案：趋势外推法　指数平滑法　灰色预测法　人工神经网络法

11. 《虚拟电厂与电力市场》规定，虚拟电厂是聚合优化“＿＿＿＿＿”清洁发展的新一代智能控制技术和互动商业模式。

答案：源网荷储售服

12. 《华北能源监管局关于征求第三方独立主体参与华北电力调峰辅助服务市场试点规则意见的函》规定，市场运营职能由__________承担，调度机构组织第三方独立主体参与调峰市场

答案：调度机构

二、不定项选择题

1. 需求响应能力不包括下列（　　）。

A. 改变用电行为　　B. 调节用电负荷

C. 调节用水量　　D. 调节设备负荷

答案：C

2. 针对需求响应参与容量、激励标准、负荷控制方式等信息，需求响应服务管理者等需求响应业务组织方与其他各参与方达成的有（　　）的约定。

A. 法律效力　　B. 民事效力

C. 刑事效力　　D. 以上都是

答案：A

3. 需求响应参与者不包括（　　）。

A. 服务管理者　　B. 聚合商

C. 工业、商业、和居民用户　　D. 服务决策者

答案：D

4. 需求响应用户管理不包括（　　）。

A. 用户注册　　B. 档案管理

C. 信息查询　　D. 补贴审核

答案：D

5. 系统可针对可再生能源消纳场景下的需求响应计划，参考 GB/T 32127—2015 中的用户基线负荷计算方法，利用用户的历史用电负荷信息计算用户的需求响应基线负荷，同时根据用户在参与需求响应过程中的用电负荷信息、（　　）等，计算用户消纳的可再生能源电量。

A. 响应目标时间　　B. 响应预估时间

C. 响应持续时间　　D. 响应目标时间加前后一小时

答案：C

6. 以下（　　）属于 GB/T 38332 标准规定的终端技术内容。

A. 功能配置　　B. 功能要求

C. 接口要求　　D. 性能要求

答案：ABCD

7. 集中式空调系统自动需求响应终端数据采集功能包括（　　）。

A. 电参数采集　　B. 运行状态参数采集

C. 环境参数采集　　D. 功率参数采集

答案：ABC

8. 电数采集可采用以太网（　　）等。

A. BACnet 总线

B. LonWorks 控制网络

C. RS-485 总线

D. 微功率无线通信网络

答案：ABC

9. 下列选项中描述正确的有（　　）。

A. DN 需要支持 HTTP 或 MQTT 传输协议

B. UN 必须同时支持 HTTP 和 MQTT 传输协议

C. UN 和 DN 之间所有的信息交互都应能支持 HTTP1.1 传输协议

D. 各个信息交换服务使用的 xml 报文进行传输

答案：ABC

10.《国家电网公司有序用电管理办法》规定，有序用电是指在可预知电力供需紧张的情况下，通过（　　），依法控制部分用电需求，维护供用电秩序平稳的管理工作。

A. 行政措施

B. 经济手段

C. 技术方法

D. 法律手段

答案：ABC

11.《有序用电管理办法》规定，在对用户实施、变更、取消有序用电措施前，电网企业应通过（　　）等方式履行告知义务。

A. 公告

B. 电话

C. 传真

D. 短信

答案：ABCD

12. 需求响应聚合系统的基础支撑功能包括（　　）。

A. 信息监测与存储

B. 级联

C. 安全防护

D. 计划实施

答案：ABC

三、判断题

1. 需求响应电采集项不包括温度。（　　）

答案：√

2. 国家发展改革委负责全国电力需求侧管理工作，县级以上人民政府经济运行主管部门负责本行政区域内的电力需求侧管理工作。（　　）

答案：√

3. 节约用电是指加强全社会用电管理，综合采取合理、可行的技术和管理措施，在用电环节制止浪费、降低电耗、实现电力电量节约，促进节能减排和经济社会健康发展。（　　）

答案：√

4. 环保用电是指充分发挥电能清洁环保、安全便捷等优势，在需求侧实施电能替代燃煤、燃油、薪柴等，促进能源消费结构优化和清洁化发展，支持大气污染治理。（　　）

答案：√

5. 绿色用电是指绿色电力消费与生产的协同互动，从需求侧促进可再生能源电力的有效消纳利用，推进能源绿色转型与温室气体减排。（　　）

答案：√

6. 电网企业开展电力需求侧管理工作的合理支出，不可计入供电成本。（　　）

答案：×

7. 实时电价（real - time price，RTP）是一种动态电价机制，其更新周期可以达到1h或者更短，通过将零售侧的价格与电力批发市场的出清电价联动，可以精确反映每天各时段供电成本的变化并有效传达电价信号。（　　）

答案：√

8. 容量市场项目（Capacity Market Programs，CMP）用户提供负荷削减作为系统容量，来替代传统的发电机组或传输资源。（　　）

答案：√

9. 南方地区居民可调负荷主要包括空调、热水器、照明等负荷。和北方相比，南方地区夏冬两季居民空调负荷均较大，而通常不具有电采暖负荷。（　　）

答案：√

10. 《国家电网公司有序用电管理办法》规定，省公司应依托负荷管理技术支持系统，实现用户用电负荷远程监测和控制，可控制负荷不低于本地区最大用电负荷的10%，可监测负荷不低于本地区最大用电负荷的70%。（　　）

答案：√

11. 《国家电网公司有序用电管理办法》规定，景观照明、亮化工程不属于有序用电方案编制中重点限制的用电需求。（　　）

答案：×

12. 《国家电网公司有序用电管理办法》规定，在对客户实施、变更、取消有序用电措施前，应提前履行告知义务，并保留工作痕迹。（　　）

答案：√

13. 《国家电网公司有序用电管理办法》规定，各级供电企业应建议政府组建有序用电督察队伍对用户落实有序用电方案情况进行督察。（　　）

答案：√

14. 《国家电网公司有序用电管理办法》规定，电力缺口是指某一时间点，所有用户错峰、避峰、限电、拉路负荷之和。

答案：√

15. 《国家电网公司有序用电管理办法》规定，按照电力或电量缺口占当期最大用电需求比例的不同，预警信号分为四个等级。红色：特别严重（缺口占比在20%以上）；橙色：严重（缺口占比在10%～20%）；黄色：较重（缺口占比在5%～10%）；蓝色：一般（缺口占比在5%以下）。（　　）

答案：√

16. 《虚拟电厂与电力市场》虚拟电厂是基于边缘计算、云计算、5G、大数据、人工智能AI等先进技术的泛在电力物联网平台。（　　）

答案：√

17. 《华北能源监管局关于征求第三方独立主体参与华北电力调峰辅助服务市场试点

规则意见的函》规定，第三方独立主体的管理，坚持依法依规、公平竞争、安全高效、改革创新、优质服务、加强监管的原则。(　　)

答案：√

四、简答题

1. 什么是需求响应策略？

答案：需求响应策略指的是结合用户用电系统或设备的历史和当前电参数、运行状态参数，将需求响应服务系统（聚合系统）下发的需求响应事件信息转化为具体的负荷调整需求信息，以指导用户用电系统或设备参与需求响应的方法。

2. 根据《［终版］20191112 需求侧可调节电力负荷技术研究报告》，请简述美国劳伦斯伯克利实验室“4S”分类方法？

答案：根据美国劳伦斯伯克利实验室“4S”分类方法，用电负荷分为可塑负荷(Shape)、弹性负荷（Shift)、可削负荷（Shed)、快调负荷（Shimmy)。

3.《国家电网公司有序用电管理办法》用电信息采集系统对有序用电管理功能有什么要求？

答案：根据有序用电方案管理或安全生产管理要求，编制限电控制方案，对电力用户的用电负荷进行有序控制，并可对重要用户采取保电措施，可采取功率定值控制和远方控制两种方式。执行方案确定参与限电的采集点并编制群组，确定各采集点的控制方式，负荷定值参数、开关控制轮次、控制开始时间、控制结束时间等控制参数。控制参数批量下发给参与限电的所有采集点的相应终端。通过向各终端下发控制投入和控制解除命令，终端执行并有相应控制参数和控制命令的操作记录。

4.《国家电网公司有序用电工作导则（试行)》有序用电工作应遵循的原则有哪些？并分别说明。

答案：有序用电工作应遵循“政府主导、安全稳定、统筹兼顾、有保有限、注重预防、节控并举”的原则。政府主导：各级政府电力运行主管部门是有序用电工作的管理主体，电网企业作为重要实施主体，配合各级电力运行主管部门做好有序用电工作。安全稳定：有序用电实施过程中，应确保电网安全稳定运行、电力用户人身和设备安全，维持正常供用电秩序，维护社会和谐稳定。统筹兼顾：综合考虑地区经济结构、电网负荷特性、用电规律等客观条件，合理安排有序用电措施，兼顾全社会整体利益，努力减少对社会生产及生活的影响。有保有限：优先保障居民生活和涉及公众利益、国家安全的重要用户用电需求；严格执行国家相关政策和要求，限制高耗能、高排放企业和产能过剩行业用电，压减不合理用电需求。注重预防：加强电力供需平衡分析预测，超前制定有序用电方案，及时发布电力供需预警，提前做好有序用电各项准备。节控并举：负荷控制与节约用电并举，优先采用节电措施降低负荷需求。

5.《［终版］20191112 需求侧可调节电力负荷技术研究报告》规定的削峰启动条件是什么？

答案：(1) 电网备用容量不足或局部负荷过载；

(2) 出现其他不确定性因素造成的电力供需不平衡。

第六章　客户服务案例分析

第一节 营业窗口服务案例

案例 1：请对以下用户在供电营业厅窗口申请新装用电存在的问题进行分析。

【事件过程】

城门制鞋厂副厂长张先生于 4 月 19 日来到当地供电营业厅申请新装用电。走进营业厅，张先生见到两个柜台前都已有客户在办理业务，他在厅内张望一会见没人搭理自己，便走向离自己最近的 1 号柜台询问："同志，请问新装用电应该怎么办理？" 1 号柜台客户代表小陈正在忙碌地工作，听到问话便回答："稍等一会，这位客户还没有办完，2 号柜台也可以咨询。"张先生在一旁等了 15min，见到 2 号柜台客户代表小李在办完前一客户的业务后接了一个电话就走到后台去了，张先生又等了 10min，看见 1 号柜台仍在办理业务，2 号柜台客户代表一直没有回到岗位上。他有些着急了，只好又走到 1 号柜台前说："同志，你能不能先跟我说一下我新装个电能表需要什么材料，我在这等很久了。"客户代表小陈回答："再稍等一会吧，这位客户快好了。"张先生在一旁又等了 5min，见小陈还未办完，就上前急匆匆地问道："同志，你什么时候才能办完？我咨询个问题都不行，你们的主管在哪？"小陈说主管当天生病请假不在后，又继续做事。张先生无奈地拨打了 95598 服务热线投诉。

请问在此过程中，供电企业工作人员有哪些违规之处？并对这一事件暴露出的问题提出改进建议。

答案要点

【违反条款】

（1）营业厅内未提供引导服务，违反了 Q/GDW 1581—2014《国家电网公司供电客户服务提供标准》4. 1. 2 条：A. B. C 级营业厅应具备业务办理、收费、告示、引导、洽谈 5 项服务功能。

（2）1 号柜台客户代表小陈未落实首问负责制，违反了《国家电网公司"十个不准"》第五条：不准违反首问负责制，推诿、搪塞、怠慢客户。

（3）客户等候时间长达 30min，违反了《国家电网公司供电服务规范》第十一条第三款：实行限时办结制。办理居民客户收费业务的时间一般每件不超过 5min，办理客户用电业务的时间一般每件不超过 20min。

（4）营业员陈某在客户张某等候期间未向客户致歉，违反了《国家电网公司供电服务规范》第十一条第六款：客户来办理业务时应主动接待，不因遇见熟人或接听电话而怠慢客户。如前一位客户业务办理时间过长，应礼貌地向下一个用户致歉。

（5）营业员李某在工作期间离岗，违反了《国家电网公司“十个不准”》第八条：不准营业窗口擅自离岗或做与工作无关的事，以及《国家电网公司供电服务规范》第十一条第八款：当有特殊情况必须暂时停办业务时，应列示“暂停营业”标牌。

（6）营业员陈某在客户张某生气时仍继续做事，违反了《国家电网公司供电服务规范》第六条第二款：为客户提供服务时，应礼貌、谦和、热情。

【暴露问题】

（1）营业厅没有现场的引导员或者现场管理人员对客户进行适时的引导，提供及时的服务。

（2）窗口客户代表服务规范落实不到位，客户第一次咨询时未正确引导；用电业务办理时间超过规定的20min，未及时向客户致歉；小李在营业前台违反规定接听手机并擅自离岗；客户表现不满情绪后，仍未及时采取有效措施安抚客户。

（3）供电营业厅出现服务质量事件，现场没有管理人员及时发觉，进行处理，避免客户情绪升级、事态扩大。

（4）人员排班、请假的调配有漏洞，对于上班时间不可或缺的岗位，必须采取措施补漏，不允许出现现场没有管理人员的情况。

【措施建议】

（1）应严格按照供电客户服务提供标准给营业厅配备排队设施，并安排引导人员在大厅引导客户。加大营业厅建设的检查力度，将营业厅硬件设施配置情况列入检查要点。

（2）全面建立优质服务保障机制。在窗口应设服务监控平台与服务评价器，对营业员业务办理时间、服务态度、文明用语进行监控；强化评价考核制度的落实，以客户评价结果和服务监控情况作为月度绩效考核依据，保证服务人员工作主动遵守供电服务规范，不断提升供电服务规范化水平。

（3）对供电营业厅的排班制度进行剖析，逐步建立更为合理的排班制度，提高人员利用率，有效化解高峰时期服务压力。如设置辅班、备班人员或者采用其他更为科学合理的排班模式，有效应对高峰期客流。针对一些临时性、突发的高峰，制定应急的调整人员的机制。

【案例点评】

耐心、真诚是对客户服务人员的最基本要求。无论面对怎样的客户、无论事情大小、无论处于如何繁忙的境况，我们都应以十二分的耐心和百分百的热忱做好客户服务工作，在服务能力相对不足的情况下，态度尤显重要！

案例2：请对以下用户在营业厅办理电能表过户手续存在的问题进行分析。

【事件过程】

某年3月3日，客户黄先生来到营业厅办理电能表过户手续。

客户代表小袁说：“您好，黄先生，办理过户需提供原、新户身份证及复印件。”

客户黄先生了解所需申请材料后离开。

3月15日，客户黄先生带着原、新户的身份证复印件再次来到营业厅。

客户代表小陈告知客户黄先生：“办理过户需要原、新户本人带上身份证及复印件到营业厅办理过户。”

客户黄先生说："上次来营业厅咨询过，只要带上身份证复印件就可以办理。怎么这次还要本人过来办理。"

客户代表小陈："本人到场办理，是为了过户时双方当面结算电费，这样也是保障原、新户双方的权益。"

客户黄先生："你们供电企业能不能统一一下，一天一个样，之前没说清楚，现在原户都出国去了，我还特意请假过来办理。让我们用户跑来跑去，你们这叫什么优质服务?"

客户代表小陈："对不起，您的资料不全不能办理。"

说完，客户代表小陈离开了营业柜台上卫生间。客户黄先生等了许久后，十分气愤，随即拨打了95598服务热线进行投诉。请问在此过程中，供电企业工作人员有哪些违规之处？并对这一事件暴露出的问题提出改进建议。

答案要点

【违反条款】

(1) 本案例中客户代表小袁第一次告知客户过户手续时并没有书面告知客户，且未一次性告知，违反了Q/GDW 1403—2014《国家电网公司供电服务质量标准》6.7条：对客户用电申请资料的缺件情况、受电工程设计文件的审核意见、中间检查和竣工检验的整改意见，均应以书面形式一次性完整告知，由双方签字确认并存档。

违反了《国家电网公司供电服务规范》第四条第五款：熟知本岗位的业务知识和相关技能，岗位操作规范、熟练，具有合格的专业技术水平。

(2) 本案例中客户代表小陈直接答复客户黄先生资料不全不能办理，未做其他任何解释，违反了《国家电网公司供电服务规范》第六条第二款：为客户提供服务时，应礼貌、谦和、热情。接待客户时，应面带微笑，目光专注，做到来有迎声，去有送声。与客户会话时，应亲切、诚恳，有问必答。工作发生差错时，应及时更正并向客户道歉。

(3) 本案例中客户代表直接离开营业柜台，违反了《国家电网公司供电服务规范》第十一条第八款：当有特殊情况必须暂时停办业务时，应列示"暂停营业"标牌，以及《国家电网公司供电服务规范》第四条第二款：真心实意为客户着想，尽量满足客户的合理要求。对客户的咨询、投诉等不推诿，不拒绝，不搪塞，及时、耐心、准确地给予解答。

【暴露问题】

(1) 客户代表对客户咨询业务未做到书面告知，仅口头告知造成客户误解，重复往返。

(2) 营业员服务礼仪欠缺，当客户正在气头上时，营业人员未做好进一步解释即离开柜台，造成客户被激怒。

【措施建议】

(1) 受理用电业务时，应主动向客户说明该项业务需客提供的相关资料，办理的基本流程，相关的收费项目和标准，并提供业务咨询和投诉电话号码。

(2) 加强服务礼仪，服务沟通技巧培训，即使因为特殊情况离开营业柜台应事先告知客户，并引导至其他柜台办理。

【案例点评】

供电企业的优质服务已形成体系，电力客户对供电服务要求也越来越高。供电企业应从自身出发，在2011年提出的《国家电网公司员工服务十个不准》中就要求服务人员需对客户办理的业务做到一次性告知，避免客户重复往返。服务人员是供电企业的形象，加强服务人员的礼仪、沟通培训应列入员工上岗前必备的考试项目。

案例3：请对以下用户在营业厅办理设计审图存在的问题进行分析。

【事件过程】

某月3日，嘉德房地产客户陈先生向营业窗口递交了嘉信小区一户一表新装设计资料，客户代表小李收件后告知，客户图纸审核时将通知其并在20个工作日内答复审核结果，陈先生放心地回去了。客户代表小李收件后，按规定录入SG186系统，并将资料转至图审组织员小玉签收，小玉收件后通知相应的技术员何某与客户陈先生在7天后进行审图。10日，客户陈先生按约前来参加审图，但组织员小玉一直未见到技术员何某，电话也无法联系，小玉只好通知客户改期。到了25日，客户陈先生始终再未接到参与图纸审核的通知，也未收到有关图纸审核的结果。于是，陈先生又再次来到营业厅找到客户代表小李："我的图纸审好了吗，上次我来的时候你不是说20个工作日内就有结果了？"小李说："我上次一收完就转给图审组织人员，具体的审核情况我也不知道，你去二楼办公室找个叫小玉的问一下吧。"陈先生不乐意道："她上次通知过我，但是有个审图的技术员没有来，后来就没有再通知了，你帮我问一下吧。"在客户的再三请求下，小李帮其打电话询问，图审组织员小玉答复因一直联系不上技术员何某故前期没有再安排，15日又和其班长联系，该班长说何某请婚假回老家结婚，会另外安排小郑参加19日的审图，但不知为何19日也没见到小郑前来，现在已再次联系此户将安排在27日进行审图。客户代表小李将此情况告知客户，陈先生虽不高兴，但看在已安排了27日审图也就没再说什么。直到该项目竣工，95598客服代表对工程进行回访时，客户陈先生才提出了自己的意见。

请问在此过程中，服务人员的行为有哪些违规之处？请对这一事件暴露出的问题提出改进建议。

答案要点

【违反条款】

（1）本案例中，客户代表小李收件后告知客户20个工作日答复审核结果，违反了《国家电网公司供电服务规范》第四条第五款：熟知本岗位的业务知识和相关技能，岗位操作规范、熟练，具有合格的专业技术水平。

（2）本案例中，客户陈先生按约前来，但却通知用户改期，违反了《国家电网公司供电服务规范》第四条第一款：严格遵守国家法律、法规，诚实守信、恪守承诺。爱岗敬业，乐于奉献，廉洁自律，秉公办事。

（3）本案例中，客户代表小李在客户第一次咨询审图结果时要求客户自己上楼去问，违反了《国家电网公司供电服务规范》第四条第二款：真心实意为客户着想，尽量满足客户的合理要求。对客户的咨询、投诉等不推诿、不拒绝、不搪塞，及时、耐心、准确地给予解答。

（4）本案例中，在客户的再三请求下，小李才帮其打电话询问，违反了《国家电网公供电服务规范》第六条第二款：为客户提供服务时，应礼貌、谦和、热情。接待客户时，应面带微笑，目光专注，做到来有迎声，去有送声。与客户会话时，应亲切、诚恳，有问必答。工作发生差错时，应及时更正并向客户道歉。

（5）本案例中，客户图审时间从 3 日递交至 27 日未出审核结果，违反了 Q/GDW 1403—2014《国家电网公司供电服务质量标准》6. 2 条：对客户送审的受电工程设计文件和有关资料答复期限，自受理之日起，高压供电不超过 20 个工作日，低压供电不超过 8 个工作日。

【暴露问题】

（1）客户代表主动服务意识仍不足，虽然在客户请求下还是为客户打了电话询问，但之前明显存在推诿情绪。

（2）后台支撑人员优质服务意识薄弱，图审组织员无视图审时限，在时限到期前虽有联系班长，但未能在规定时限内解决问题，也未向自己的上级领导反映。

【措施建议】

（1）加强窗口客户代表的主动服务意识，对于客户提出的问题，客户代表本身能够给予答复的应主动承担，遇到技术问题无法解答的也应带领客户前往。

（2）提高后台工作人员优质服务意识，应明确超期项目的考核制度，落实到位，促使后台人员提高对业务时限的警惕性。

（3）加强后台各部门间的配合，重要岗位人员应排有 AB 岗，请假人员应主动提前告知相关业务人员其请假时间与替班人员。

【案例点评】

优质服务一直作为营业窗口的一项重要工作，随着窗口服务的提升，优质服务也渐渐由一线转向后台服务。营业窗口的各项服务都需要有后台业务的强力支撑，在客户眼中，无论前台还是后台都属于电力行业的一部分，当后台业务没有起到应有的支撑时，客户同样会对电力服务打上问号，由此可见，后台服务是否优质，也对我们的行风有着举足轻重的影响。

案例 4：请对以下用户在供电营业厅办理增容业务存在的问题进行分析。

【事件过程】

某年 6 月 18 日上午，客户张先生到当地供电营业厅办理其别墅用电低压增容业务。在出示房产证，却未携带身份证的情况下，客户要求供电企业先受理，资料待后续环节补交。窗口客户代表小林口头同意后，将该项目录入 SG186 系统。6 月 21 日，因小林休假，项目移交给客户代表小王办理。小王认为这个项目申请资料不齐全不能受理，在未通知客户补充申请资料的情况下就将该项目流程终止。至次月 16 日，无工作人员联系客户答复供电方案，通知缴费等事宜，也未帮其装表接电，造成客户的别墅装修工期延误，客户张某因此拨打 95598 供电服务热线进行投诉。

请问在此过程中，供电企业工作人员有哪些违规之处?

答案要点

【违规条款】

（1）客户代表小林口头答应缺件情况先行受理，但休假前并未与客户代表小王做好交接工作，造成项目流程被终止的行为违反了《国家电网公司员工服务“十个不准”》第五条：不准违反首问负责制，推诿、搪塞、怠慢客户。

（2）客户代表小王未联系客户补充缺件，且因缺件未进行供电方案答复及通知缴费的行为违反了《国家电网公司供电服务规范》第四条第五款：熟知本岗位的业务知识和相关技能，岗位操作规范、熟练，具有合格的专业技术水平。

（3）客户代表小王从6月21日至次月16日未通知客户进行供电方案答复，造成流程超时限的行为违反了Q/GDW 1403—2014《国家电网公司供电服务质量标准》6.1规定：供电方案答复期限，居民客户不超过3个工作日，其他低压电力客户不超过7个工作日，高压单电源客户不超过15个工作日，高压双电源客户不超过30个工作日。

（4）客户代表小林对于客户缺件仅口头答应，未填写缺件告知单的行为违反了Q/GDW 1403—2014《国家电网公司供电服务质量标准》6.7条：对客户用电申请资料的缺件情况、受电工程设计文件的审核意见、中间检查和竣工检验的整改意见，均应以书面形式一次性完整告知，由双方签字确认并存档。

【暴露问题】

（1）人员请假、岗位变更的交接制度落实不到位，小林请假前，未将该项目的特殊情况和处理意见充分告知小王，导致项目流程失控，是造成客户投诉的最直接原因。

（2）客户代表小王工作责任心不强，发现项目申请资料不全，未积极采取措施进行补救，而是简单地将项目流程终止，未与客户代表小林进行联系确认。

（3）发生本事件的供电企业业扩流程各环节管理制度不健全或者制度落实不到位，申请环节资料不全，客户代表未书面告知；流程终止过于随意，未进行严格把关。

【措施建议】

（1）强化人员请假、岗位变更交接管理制度的执行，针对岗位移交中的不到位情况，确定后续责任划分，并加强考核。

（2）修订和完善业扩流程管理相关制度，明确各环节作业要求，加强上下道工序间的监督，确保业扩报装各环节流程的规范性操作。

（3）充分利用营销稽查监控系统，对各类业扩流程的资料完整性、正确性、流程时限等进行跟踪、管控，提出考核意见。通过及时跟踪、反馈，不断提高业扩全流程的服务规范性。

（4）加强客户代表的业务培训，不断提高业务能力和工作责任心。规范客户代表的业务执行考核，通过考核强化各项工作标准的执行力。

案例5：请对以下用户在营业窗口交费存在的问题进行分析。

【事件过程】

2014年8月24日，客户赵先生致电95598投诉营业厅服务不规范。下午一点左右，在某地级市中心营业厅交费时，赵先生进门后无人引导，造成自己排错队。轮到赵先生交费时，收费员在得知客户需要交纳3000多元现金后，以该柜台没有验钞机为由，要求客户更换到其他柜台交费，客户表示强烈不满。

请问在此过程中，供电企业工作人员有哪些违规之处？

答案要点

【违规条款】

（1）“地级市中心营业厅无人引导”违反了 Q/GDW 1581—2014《国家电网公司供电客户服务提供标准》4.1.4.2 条：A 级供电营业厅应配备引导员。

（2）收费员的服务态度违反了《国家电网公司供电服务规范》第四条第二款：真心实意为客户着想，尽量满足客户的合理要求。对客户的咨询、投诉等不推诿，不拒绝，不搪塞，及时、耐心、准确地给予解答。

【暴露问题】

（1）营业厅人员配置不合理，A 级营业厅未设置引导员，设备配置不充足。

（2）营业厅工作人员优质服务意识淡薄，在无验钞机情况下，只是要求客户更换柜台，而没有站在客户的角度考虑，尽快处理该问题，最终引起客户不满。

【措施建议】

（1）严格按照 Q/GDW 1581—2014《国家电网公司供电客户服务提供标准》合理配置营业厅工作人员，完善营业厅设备配置，确保营业厅服务质量。

（2）加强营业厅上岗管理。营业厅营业前半小时，营业厅主管应召开班前会，强调业务办理程序和服务流程。

（3）进一步规范营业厅服务行为。定期开展营业厅视频纠错活动，严格考核窗口服务不规范行为，有效提升服务规范度。

案例 6：请对以下用户在营业厅交电费打印发票存在的问题进行分析。

【事件过程】

某日，居民客户拨打 95598 热线投诉：周一 9：00 在某县公司供电所营业厅（C 级）交电费后，因营业厅无法打印发票，营业厅工作人员告知客户需要到中心营业厅三楼营业班打印，客户不满要求核实处理。客户同时表示，该问题一个月前也曾发生过，客户当时已把投诉信函放入中心营业厅意见箱，但一直无人向其反馈处理意见。

请问此案例中，工作人员有哪些违规之处？

答案要点

【违规条款】

本案中供电所营业厅服务功能不全，违反了 Q/GDW 1581—2014《国家电网公司供电客户服务提供标准》4.1.2.1 条：C 级营业厅应具备的服务功能包括业务办理、收费、告示、引导和洽谈。

【暴露问题】

（1）供电所营业厅未达到 C 级营业厅服务功能要求，收费后未向客户提供账单服务。

（2）中心营业厅意见箱形同虚设，没有发挥受理客户投诉和意见的作用。

【措施建议】

（1）加强营业厅管理。完善营业厅服务功能设置，为客户提供电费账单服务。

（2）加强意见箱管理。设置专人进行管理，并定期开启，规范处理流程，及时有效处理客户意见或投诉。

案例7：请对以下用户在营业厅反映电能表不准存在的问题进行分析。

【事件过程】

某年11月，客户李先生到当地供电所反映他家当月的电量高达728kWh，远远超过了以往任何月份的电量，客户认为电能表肯定有问题，要求帮忙解决。接待他的营业厅客户代表小周告知说："电能表转动过快可能是由于漏电引起，您可以回家后将开关、插头等电源断开，目测电能表是否还会走。"李先生回家做过试验后，于当天下午再次来到供电所反映其家中并无漏电情况。客户代表小周只简单回复说："那我们就不清楚了，我们电能表应该是准的，你自己回家处理吧。"对该事件，客户代表小周没做任何记录，也没有向供电所负责人汇报。第二天，李先生再次到供电所反映该情况，仍没有得到满意答复。10天过去了，供电所始终没有安排人员来检查，李先生十分生气，拨打了电视台维权热线与12315投诉电话进行了投诉。

请问在此过程中，客户代表小周的行为有哪些违规之处？请对这一事件暴露出的问题提出改进建议。

答案要点

【违规条款】

（1）在接待客户的过程中，客户代表小周对客户提出问题未有效解答，造成客户重复往返的行为违反了《国家电网公司供电服务规范》第四条第二款：真心实意为客户着想，尽量满足客户的合理要求。对客户的咨询、投诉等不推诿、不拒绝、不搪塞，及时、耐心、准确地给予解答。

（2）在客户提出表计不准时未向客户提供校表服务，违反了《国家电网公司供电服务规范》第四条第五款：熟知本岗位的业务知识和相关技能，岗位操作规范、熟练，具有合格的专业技术水平。《供电营业规则》第七十九条：用户认为供电企业装设的计费电能表不准时，有权向供电企业提出校验申请，以及《国家电网公司供电服务"十项承诺"》第七条：受理客户计费电能表校验申请后，5个工作日内出具检测结果。

（3）对客户提出的表计异常的问题，客户代表未能记录、反馈，违反了Q/GDW 1403—2014《国家电网公司供电服务质量标准》6.10条：受理客户咨询时，对不能当即答复的，应说明原因，并在5个工作日内答复客户。

【暴露问题】

（1）客户代表工作责任心不强，违反首问负责制。

（2）客户代表业务不熟悉，对客户反映电能计量装置不准时，未采取正确的处理方法。

（3）客户代表服务意识淡薄，对客户多次反映的问题未及时上报，同时暴露出营业厅管理存在漏洞。

【措施建议】

（1）应加强客户代表对首问负责制的落实，加强服务意识培训。

（2）加强客户代表的技能和业务知识培训，提升客户代表解决实际问题的能力。

（3）加强营业厅窗口管理，建立健全服务监督机制。

第二节　电力故障抢修服务案例

案例 1：请对以下用户报修抢修人员存在的问题进行分析。

【事件过程】

2015 年 5 月 3 日 17 时，客户张先生拨打 95598 电话报修，反映其商铺所在的街道部分停电，95598 工作人员简单记录后下发工单。18：48 抢修人员到达现场，在未落实停电原因的情况下，告知由于客户原因导致周围停电而将客户处断电，要求客户自行修好后再恢复营业。当日客户再次拨打 95598 电话，投诉抢修人员态度不好，随意停电，并要求恢复送电。调查人员现场核实后，向客户道歉并进行故障修复，恢复送电。

请问在此过程中，供电企业工作人员有哪些违规之处？并对这一事件暴露出的问题提出改进建议。

答案要点

【违规条款】

（1）95598 客户服务人员接到报修后未详细询问及解释就派抢修工单，违反了《国家电网公司供电服务规范》第十四条第 5 款：接到客户报修时，应详细询问故障情况。如判断确属供电企业抢修范围内的故障或无法判断故障原因，应详细记录，立即通知抢修部门前去处理。

（2）客户报修后，抢修人员用时 1h48min 才到达现场，违反了以下规定。

1）《国家电网公司供电服务“十项承诺”》第三条：提供 24h 电力故障报修服务，供电抢修人员到达现场的平均时间一般为：城区范围 45min；农村地区 90min；特殊边远地区 2h。

2）Q/GDW 1403—2014《国家电网公司供电服务质量标准》6.8 条：供电抢修人员到达现场的时间一般为：城区范围 45min；农村地区 90min；特殊边远地区 2h。若因特殊恶劣天气或交通堵塞等客观因素无法按规定时限到达现场的，抢修人员应在规定时限内与客户联系、说明情况并预约到达现场时间，经客户同意后按预约时间到达现场。

（3）抢修人员未准确排除故障，业务技能较低，违反了《国家电网公司供电服务规范》第四条第五款：熟知本岗位的业务知识和相关技能，岗位操作规范、熟练，具有合格的专业技术水平。

（4）抢修人员对让客户自行修复才恢复送电，违反了《国家电网公司供电服务规范》第四条第二款：真心实意为客户着想，尽量满足客户的合理要求，对客户咨询、投诉等不推诿、不拒绝、不搪塞，及时、耐心、准确给予解答。

（5）抢修人员随意停电，违反了《国家电网公司员工服务“十个不准”》第一条：不准违规停电，无故拖延检修抢修和延迟送电。

【暴露问题】

（1）国网客服代表未按照规定详细记录故障范围、现象等信息。

（2）抢修人员业务技能欠缺，未能准确判断故障原因，及时恢复供电。

（3）抢修人员责任心不强，服务意识淡薄，不能履行对外服务承诺，到达现场超时限，随意停电，造成客户不满，引起投诉。

【措施建议】

（1）加大客服代表的业务受理规范培训，进一步提升沟通技巧、书写能力等技能，全面提高客户服务水平。

（2）对一线抢修人员开展业务技能培训，提高故障处置能力。

（3）加大对抢修工作的监督考核力度，规范抢修人员服务行为，降低违规事件的发生，提升优质服务水平。

案例2：请对以下居民单户停电故障报修存在的问题进行分析。

【事件过程】

6月6日（周六）10：00，某居民客户报修单户停电。10：01 客户代表派发故障报修工单。

当日10：03 某市公司抢修班接收故障报修工单并派工。10：30 经抢修人员现场检查，为客户电能表烧坏。抢修人员告知客户重新拨打95598 热线报修电能表故障停电。

10：40 客户第二次拨打95598 热线报修反映电能表烧坏，单户停电。10：41 客户代表再次派发故障报修工单。

10：43 计量抢修部门接收故障报修工单并派工。11：00 计量抢修人员到达现场，更换电能表后，客户家中恢复正常用电。但客户发现，此次停电，家中电冰箱、计算机烧坏，要求赔偿。计量抢修人员电话通知用电检查人员到现场核损，并告知客户，公司用电检查人员会根据相关规定，到客户家中调查、核实情况。

11：30 该公司分别填写故障处理意见后，回复故障报修工单。

6月7日（周日）14：00 客户第三次拨打95598 热线反映工作人员一直未到其家中查看家用电器损坏的情况，也未与其联系。14：05 客户代表派发“意见－供电服务－服务行为－家用电器损坏”工单。

请问此案例中，工作人员有哪些违规之处？

答案要点

【违规条款】

（1）抢修人员开展抢修工作不规范，违反了《国家电网公司95598 客户服务业务管理办法》：计量装置类故障（窃电、违约用电等除外），由抢修人员先行换表复电，营销人员事后进行计量加封及电费追补等后续工作。

（2）用电检查人员到达现场超时，违反了《居民用户家用电器损坏处理办法》第四条：供电企业在接到居民用户家用电器损坏投诉后，应在24h 内派员赴现场进行调查、核实，及Q/GDW 1403—2014《国家电网公司供电服务质量标准》6.13 条：受理客户服务申请后，电器损坏核损业务24h 内到达现场，或《国家电网公司95598 客户服务业务管理办法》第二十四条：电器损坏核损业务24h 内到达现场，业务处理完毕后1 个工作日内回复工单。

（3）客户代表派发工单类型错误，违反了《国家电网公司 95598 投诉分类细则》：未在受理家用电器损坏核损业务后 24h 内派员到现场勘查，应归为“投诉－服务投诉－服务行为－其他人员服务规范”。

【暴露问题】

（1）抢修人员服务意识不强，在现场检查发现计量装置故障没有进行处理或通知计量抢修人员处理，而是让客户再次拨打 95598 热线报修。

（2）用电检查人员工作责任心不强，服务意识淡薄，规章制度执行不严格，未在规定 24h 内到达现场进行电器损坏核损勘查，从而引发客户投诉。

（3）客户代表业务不熟练，将投诉工单错派成意见工单。

【措施建议】

（1）严格执行计量装置类故障抢修工作流程，确保客户诉求得到及时处理。

（2）加大抢修过程管控力度，确保抢修人员严格执行“五个一”标准化抢修要求，不推诿、搪塞客户。

（3）加强营销服务过程管控，确保各环节时限符合相关规定，保证现场工作人员及时到达客户现场调查落实。

（4）加强国网客服代表业务培训，深入宣贯《国家电网公司 95598 投诉分类细则》，提高派发工单类别的准确性。

案例 3：请对以下抢修人员现场工作存在的问题进行分析。

【事件过程】

某市供电公司抢修人员 15：30 接到 95598 抢修派单电话，城区中南小区 15－2－301 客户家中无电，疑是电能表故障。抢修人员 16：20 到达现场，看到电能表黑屏后，就用力拍门。客户开门后抢修人员拿着工具进屋，随手把工具箱放在茶几上，告知客户电能表因欠费停电，充值后插卡就有电了。客户表示不知道售电地址。抢修人员告知打 95598 问问就知道了。抢修人员拿起工具准备离去，无意间碰坏了花瓶，客户没有要求赔偿，抢修人员说：“对不起”就走了。

请问在此过程中，供电企业工作人员有哪些违规之处？并对这一事件暴露出的问题提出改进建议。

答案要点

【违反条款】

（1）本案例中抢修人员到达现场的时限已超过规定时限，违反了《国家电网公司供电服务“十项承诺”》第三条：提供 24h 电力故障报修服务，供电抢修人员到达现场的平均时间一般为：城区范围 45min。

违反了 Q/GDW 1403—2014《国家电网公司供电服务质量标准》6.8 条：供电抢修人员到达现场的时间一般为：城区范围 45min；农村地区 90min；特殊边远地区 2h。若因特殊恶劣天气或交通堵塞等客观因素无法按规定时限到达现场的，抢修人员应在规定时限内与客户联系、说明情况并预约到达现场时间，经客户同意后按预约时间到达现场。

（2）抢修人员到达现场用力拍门等行为违反了《国家电网公司供电服务规范》第十

七条第三款：进入客户现场时，应主动出示工作证件，并进行自我介绍。进入居民室内时，应先按门铃或轻轻敲门，并主动出示工作证件，征得同意后穿上鞋套方可入内。

（3）抢修人员随手将工具放到客户茶几上，违反了《国家电网公司供电服务规范》第十七条第五款：到达客户现场工作时，应携带必备的工具和材料。工具、材料应摆放有序，严禁乱堆乱放。

（4）违反了《国家电网公司供电服务规范》第四条第二款：真心实意为客户着想，尽量满足客户的合理要求。对客户的咨询、投诉等不推诿，不拒绝，不搪塞，及时、耐心、准确地给予解答。

（5）抢修人员损坏花瓶未赔偿，违反了《国家电网公司供电服务规范》第十七条第六款：如在工作中损坏了客户的原有设施，应尽量恢复原状等价赔偿。

【暴露问题】

（1）抢修人员服务意识薄弱，客户咨询售电地址，在自己无法答复的情况下，不应让客户自行咨询95598。

（2）抢修人员工作服务规范执行不到位，城区范围未在45min内到达现场。进入客户家里，没有先按门铃或轻轻敲门，也不应将工具随便乱放，损坏物品也没有进行赔偿。

【措施建议】

（1）抢修人员对于客户现场提出的问题，应准确答复客户，若无法立即答复客户的，可留下客户联系电话，咨询后主动答复客户。或者现场帮助客户拨打95598进行咨询后，直接答复。

（2）加大对抢修工作的监督考核力度，督促抢修人员严格贯彻执行各项规章制度，严格遵守供电服务规范，根据抢修工单回复的抢修时限，对于违诺行为进行原因分析、寻找解决的办法，降低违诺事件的发生，提升优质服务。定期通报违诺事件，并进行考核。

（3）管理班组加大对一线抢修人员的培训，针对与岗位相关的规范和规定，定期进行强调或者抽考，以满足客户需要为供电服务的出发点，围绕客户需求，供电服务一线人员要规范行为，坚决杜绝各种不良言行举止，不断提升供电服务规范化水平。

【案例点评】

品牌形象决定品牌价值，它是企业的无形资产，推行优质服务、塑造良好品牌形象为供电企业增值是营销服务团队的首要任务。而我们供电企业的每一名员工，都是企业的无形“名片”，供电企业的形象正是依靠众多普通职工的一言一行传递到大众面前，只有每位员工都时刻铭记这一点，慎言慎行为广大客户服好务、供好电，才能使国家电网品牌形象不断提升。

案例4：请对以下故障抢修存在的问题进行分析。

【事件过程】

3月2日（周一）18：00，客户李某拨打95598反映附近一排房子停电。18：02客服代表派发故障报修工单2015030295598001。

3月2日18：05某公司抢修班接收95598热线故障报修工单并派工，抢修人员于18：10与客户取得联系，18：30抢修人员到达现场，18：45故障处理完毕并反馈95598工单。

3月2日20：00客户李某再次拨打95598热线反映抢修值班人员存在打电话威胁自

己，服务态度较差，使用不文明语言的问题，客户表示非常不满，要求该工作人员公开道歉。涉及报修单：2015030295598001，回电话的工作人员为男士，18：10 左右与客户联系的号码为 8260＊＊66。20：10 客服代表派发投诉工单 2015030295598012，投诉三级分类“停送电投诉－抢修服务－抢修人员服务态度”。

3 月 2 日 20：20 某公司接收投诉工单，并开展调查处理工作。

3 月 4 日 12：00 客户第三次拨打 95598 热线反映抢修人员态度差的问题后，一直没有工作人员与其联系和道歉。12：15 客服代表派发投诉工单 2015030495598123，投诉三级分类“服务投诉－服务行为－其他人员服务规范”。

3 月 6 日，该公司调查处理完毕并答复客户后回复 95598 工单。

3 月 28 日，该公司向省客服中心提交初次申诉表。

该供电公司在本事件申诉中违反了哪些条款？请提出改进建议。

95598 业务初次申诉申请表

申诉单位（盖章）：国网××供电公司　　　　申诉日期：2015. 03. 28

<table>
<tr><td colspan="2">申诉类别：
1. 业务类型错误；
2. 重复投诉。</td><td colspan="2">申诉原因：
1. 投诉类别错误；
2. 在途未超时投诉。</td><td>申诉工单号：</td></tr>
<tr><td>申诉人：×××</td><td colspan="2">联系方式：×××</td><td>原业务类别：服务投诉</td><td>原工单号：2015030495598123</td></tr>
<tr><td colspan="5">申诉目的：投诉工单减 1，催办工单加 1</td></tr>
<tr><td colspan="5">申诉依据及支撑材料（可附附件）：
1. 客户投诉抢修人员服务态度问题，属停送电投诉，不应派发服“服务投诉”工单。
2. 3 月 2 日 20：00 客户投诉抢修人员服务态度问题，国网已派发“停送电投诉”工单 2015030295598012，3 月 4 日 12：00 客户再次来电时，该投诉工单在途未超时，国网不应派发“服务投诉”工单，应派发“催办”工单。</td></tr>
<tr><td colspan="5">国网客服中心认定结果：

初次申诉受理时间：　　初次申诉认定结果答复人：　　初次申诉认定结果答复日期：</td></tr>
<tr><td colspan="5">国网营销部审核归档结果：

初次申诉审核归档人：　　初次申诉审核归档日期：</td></tr>
</table>

答案要点

【违规条款】

（1）本案例中两个不同类型的申诉一起发起申诉，违反了《国家电网公司 95598 客户服务业务管理办法》第二十八条：一张工单对一个业务类型的申诉只允许提交 1 次，不同业务类型的申诉应单独发起申请。

（2）本案例中申诉类别和申诉原因错误，违反了《国家电网公司 95598 投诉分类细则》：反映供电企业工作人员未在受理投诉后一个工作日内联系客户的，应归为“投诉－服务投诉－服务行为－其他人员服务规范”，工单类别派发正确，该工单不应申诉。

（3）本案例中该公司受理客户投诉后未按照对外承诺时限联系客户，违反了《国家电网公司 95598 客户服务业务管理办法》第二十四条：省公司、地市、县供电企业相关业务部门应在国网客服中心受理客户投诉后 1 个工作日内联系客户；违反了 Q/GDW 1403—2014《国家电网公司供电服务质量标准》6.11 条：受理客户投诉后，1 个工作日内联系客户，7 个工作日内答复客户。

【措施建议】

（1）加强申诉管理。严格按《国家电网公司 95598 客户服务业务管理办法》要求，开展申诉工作。要依据法律法规、政策文件和业务流程开展，准确报送申诉类型、申诉原因和申诉依据。

（2）加强投诉管理。按照公司相关规定和对外承诺时限要求，24h 内联系客户，5 个工作日内答复处理意见。

案例 5：请对以下故障抢修存在的问题进行分析。

【事件过程】

4 月 20 日 14：00，城区客户王某来到某市公司中心营业厅，反映家中停电了要求帮助处理。引导员小刘告诉客户说：“对不起王先生，故障抢修不属于营业厅的服务范围，您可以直接拨打 24h 服务热线电话 95598 报修”。

14：05 客户拨打了 95598 电话报修。

由于道路拥堵，抢修人员 15：00 到达客户报修的故障表箱处，发现是表箱总开关跳闸，经检查无其他故障后，抢修人员 15：55 恢复供电后即离开现场。

上述事件违反了哪些规定？并对这一事件暴露出的问题提出改进建议。

答案要点

【违规条款】

（1）引导员不受理客户报修违反了以下规定：

1）Q/GDW 1581—2014《国家电网公司供电客户服务提供标准》4.1.2 条：A 级营业厅的服务功能包括“业务办理”，业务办理内容包括客户故障报修业务。

2）《国家电网公司供电服务规范》第四条第五款：熟知本岗位的业务知识和相关技能，岗位操作规范、熟练，具有合格的专业技术水平。

（2）抢修人员到达现场时间长且未与客户做好解释违反了以下规定。

1）《国家电网公司供电服务“十项承诺”》：提供 24h 电力故障报修服务，供电抢修人员到达现场的时间一般为：城区范围 45min；农村地区 90min；特殊边远地区 2h。

2）Q/GDW 1403—2014《国家电网公司供电服务质量标准》6.8 条：供电抢修人员到达现场的时间一般为：城区范围 45min；农村地区 90min；特殊边远地区 2h。若因特殊恶劣天气或交通堵塞等客观因素无法按规定时限到达现场的，抢修人员应在规定时限内与客户联系、说明情况并预约到达现场时间，经客户同意后按预约时间到达现场。

3）《国家电网公司 95598 客户服务业务管理办法》：一般情况下抢修人员到达故障现

场时限应符合：城区范围不超过 45min；农村地区不超过 90min；特殊边远地区不超过 120min。

（3）抢修人员到达现场直接处理完毕故障恢复供电后即离开现场违反了《国家电网公司 95598 客户服务业务管理办法》：抢修人员在处理客户故障报修业务时，到达现场后应及时联系客户，并做好现场与客户的沟通解释工作。

【暴露问题】

（1）引导员业务不熟练、责任心不强，对自己职责范围内的业务不熟悉，未受理客户的报修业务，未落实首问负责制。

（2）抢修人员服务不规范，无法在承诺时限到达现场，未主动与客户联系说明情况并预约到达现场时间，处理完毕后也未向客户沟通核实是否已恢复供电。

【措施建议】

（1）加强工作人员工作服务流程及业务技能培训，工作中落实首问负责制。

（2）严格考核，强化责任。提高主动服务意识和服务技能，提高供电服务水平。

案例 6：请对以下故障抢修存在的问题进行分析。

【事件过程】

某日上午 8：30 左右，某供电公司线路抢修班人员接到电话通知，需抢修一台高度倾斜的公用变压器。当抢修吊车快到工作地点时，几名交警拦车检查，发现吊车已超过年检期限 2 个月，交警对未年检吊车实施暂扣并将车拖走。

为抓紧时间开展工作，抢修人员一边与交警交涉，一边派人对所需抢修的变压器进行停负荷、拉支线刀开关等工作。因为道路交通信号灯的电源恰好就接在该变压器上，停电工作致使信号灯熄灭。

一名交警认为这是一种报复行为，在未对抢修人员进行任何询问的情况下，即用“警棒”对实施停电的抢修人员进行了袭击并致其轻伤。事后，新浪等新闻媒体对此进行了负面报道。

上述事件违反了哪些规定？

答案要点

【违规条款】

（1）临时停电未提前通知客户违反以下规定：

1）《电力供应与使用条例》第二十八条：因供电设施临时检修需要停止供电时，供电企业应当提前 24h 通知重要用户。

2）Q/GDW 1403—2014《国家电网公司供电服务质量标准》6.24 条：临时检修需要停电时，应提前 24h 通知重要客户。

3）《供电营业规则》第六十八条：因供电设施临时检修需要停止供电时，应当提前 24h 通知重要用户或进行公告。

（2）公共场所施工未设置相应标志违反以下条款：

1）Q/GDW 1581—2014《国家电网公司供电客户服务提供标准》4.4.4.2 条：在公共场所工作时，应有安全措施，悬挂施工单位标志、安全标志，并配有礼貌用语；在道路两旁工作时，应在恰当位置摆放醒目的警示牌。

2）《供电服务规范》（GB/T 28583—2012）8.4 条：在公共场所施工，应当有安全措施，悬挂施工单位标志、安全标志，在道路两旁施工时，应当在恰当位置摆放醒目的告示牌。

3）《国家电网公司供电服务规范》第十七条第七款：在公共场所施工，应有安全措施，悬挂施工单位标志、安全标志，并配有礼貌用语，在道路两旁施工时，应在恰当位置摆放醒目的告示牌。

【暴露问题】

（1）工作制度执行不力。对停电后可能造成的影响严重估计不足，即临时停电可能造成该地段交通信号指示灯供电中断，尤其是涉及公共交通秩序，尽管是紧急抢修，但却没有提前通知客户，造成客户不理解。

（2）文明施工制度执行不严。停电抢修设施地处城市中心，抢修前没有按照有关要求，在道路两旁布置安全措施，悬挂施工单位标志、安全标志，没有配礼貌用语标志，没有摆放醒目的告示牌，使供电抢修施工环境失控。

（3）停电抢修任务安排和抢修方案存在不足。抢修管理部门对停电抢修派单考虑不周，选择交通车辆高峰时间，对交通秩序产生影响较大；对抢修设施安全隐患和危急程度了解不充分，抢修方案编制不合理，对倾斜变压器没有采用先支护后择机停电抢修的抢修方式。

（4）配电设施日常管理存在疏漏。该公用变压器高度倾斜，说明正常巡视检查流于形式。

（5）服务保障机制不健全。参与抢修工作的车辆没有严格按照有关规定进行年检，说明车辆管理部门对车辆日常管理未得到有效落实。

【措施建议】

（1）根据《国家电网公司电力服务事件应急处置预案》的规定，该事件属一般服务事件，应启动四级预警，防止事态升级。

（2）应向当地市委、市政府有关领导汇报，并与交警部门进一步沟通，做好解释工作。

（3）主动与新闻媒体沟通，防止事态进一步扩大。

（4）按照“四不放过”的原则，对相关责任人员进行责任追究。

（5）加强业务培训，提高员工政治敏锐性及服务意识，防微杜渐，举一反三，避免类似事情发生。

第三节　用电营业服务案例

一、抄表服务案例

案例 1：请对以下抄表业务存在的问题进行分析。

【事件过程】

12 月 15 日（抄表例日），抄表员秦某在利用用电信息采集系统采集客户电能表表码时，发现黄屯村客户张某的电能表没有日冻结表码，也无法实时上传数据。为尽快做完该抄表段的核算工单，秦某对客户张某的电能表示数进行估测，并将电费予以发行。

12 月 16 日上午，秦某现场检查张某的电能表异常情况，发现该电能表 485 端口通信功能损坏，造成远程无法采集数据，需要换表。因当日秦某身边未携带新表，便将电能表拆回供电所，造成客户张某家停电近 5h。客户张某回家后，发现家中停电且电能表被拆，十分不满，便拨打了 95598 供电服务热线进行了投诉。

请问在此过程中，供电企业工作人员有哪些违规之处？并对这一事件暴露出的问题提出改进建议。

答案要点

【违规条款】

（1）“秦某对客户张某的电能表示数进行估抄”违反了《国家电网公司供电服务规范》第十九条第一款：供电企业应在规定的日期准确抄录计费电能表读数。因客户的原因不能如期抄录计费电能表读数时，可通知客户待期补抄或暂按前次用电量计收电费，待下一次抄表时一并结清。确需调整抄表时间的，应事先通知客户。

（2）秦某拆除客户电能表未及时更换造成客户停电近 5h 违反了《国家电网公司员工服务“十个不准”》第一条：不准违规停电、无故拖延检修抢修和延迟送电。

（3）秦某拆除客户电能表而未告知客户表底数违反了以下规定。

1）Q/GDW 1403—2014《国家电网公司供电服务质量标准》6.27 条：低压客户电能表换装前，应在小区和单元张贴告知书，或在物业公司（村委会）备案；换装电能表前应对装在现场的原电能表进行底度拍照，拆回的电能表应在表库至少存放 1 个抄表或电费结算周期。

2）《供电营业规则》第七十二条：供电企业在新装、换装及现场校验后应对用电装置加封，并请用户在工作凭证上签章。

3）《国家电网公司供电服务规范》第二十一条：供电企业在新装、换装及现场校验后应对电能计量装置加封，并请客户在工作凭证上签章。如居民客户不在家，应以其他方式通知其电能表底数。拆回的电能计量装置应在表库至少存放 1 个月，以便客户提出异议时进行复核。

【暴露问题】

（1）抄表员服务意识淡薄、责任心不强，未从客户角度出发，真心实意为客户着想。

（2）规章制度执行不到位，抄表不成功没有按照规定到现场抄表或联系客户待期补抄，而是在客户不知情的情况下进行估抄。现场处理计量装置故障未按照规定流程执行，造成客户长时间停电，引发投诉。

【措施建议】

（1）供电公司立即派人上门核实现场情况，主动道歉，按实际电量重新计算电费，并对责任人进行考核。

（2）工作中，严格执行有关规章制度，培养员工高度的责任心和工作中的自觉规范意识，做好抄、核、收和计量管理工作。

案例 2：请对以下抄表事件存在的问题进行分析。

【事件过程】

2014 年 4 月 3 日，某小区客户拨打 95598 电话投诉：光明供电所收费人员到客户处收电费时，客户怀疑电量异常，该工作人员表示都是远程抄表，不会出现问题。客户表示不满，并拒交电费，工作人员于当日下达停电通知书并停电。

经过现场调查，该客户 4 月份电量确为估抄，且未告知客户。

请问在此过程中，供电企业工作人员有哪些违规之处？并对这一事件暴露出的问题提出改进建议。

答案要点

【违规条款】

违反了以下规定。

（1）《国家电网公司员工服务“十个不准”》：不准违规停电、无故拖延检修抢修和延迟送电。

（2）《供电营业规则》第六十七条：在停电前 3 ~ 7 天内，将停电通知书送达用户，对重要用户的停电，应将停电通知书报送同级电力管理部门。在停电前 30min，将停电时间再通知用户一次，方可在通知规定时间实施停电。

（3）《供电营业规则》第八十三条：供电企业应在规定的日期抄录计费电能表读数。由于客户的原因未能如期抄录计费电能表读数时，可通知客户待期补抄或暂按前次用电量计收电费，待下次抄表时一并结清。

【暴露问题】

（1）抄表员服务意识、责任心不强，业务技能欠缺，抄表不成功时没有按照规定联系客户待期补抄，而是在客户不知情的情况下进行估抄，导致客户电费出现偏差。

（2）供电企业没有有效措施对抄表员的抄表准确性进行监管，无法在第一时间自主发现抄表人员的工作差错。

（3）执行规定不到位，未按规范开展停复电工作。

【措施建议】

（1）派工作人员核查具体情况，向客户赔礼道歉，取得客户谅解，根据相关规定妥善处理。

（2）加强工作人员相关工作标准、制度的培训，建立健全有效的监督机制，提高规范化作业能力。

（3）提高工作责任心、严谨性，对于客户提出的问题，能够当场处理的应立即处理，无法当场处理待明确后及时回复。

二、用电检查服务案例

案例 1：请对以下用户存在违约用电的问题进行分析。

【事件过程】

8 月 16 日上午 10：20 左右，某供电公司用电检查员会同城关台区抄表人员，在抄表过程中发现一居民用户在三相计费电能表的出线上，私自转供一基建工地临时用电，现场核定用电设备容量为8.2kW，使用起讫时间难以确定，在《用电检查工作单》上，双方当事人签字认可后，拆除了私自违约转供用电接线（电价：居民生活0.588元/kWh，一般工商业0.82元/kWh）

请问在此过程中，供电企业工作人员有哪些违规之处？并对这一事件暴露出的问题提出改进建议。

答案要点

【违规条款】

(1)《供电营业规则》第十四条：用户不得自行转供电。

(2)《供电营业规则》第一百条第一款：在电价低的供电线路上，擅自接用电价高的用电设备或私自改变用电类别的，应按实际使用日期补交其差额电费，并承担2倍差额电费的违约使用电费。使用起讫日期难以确定的，实际使用日期按3个月计算。

1) 应补交违约用电量的差额电费：8.2kW×12h×180天×（0.82元/kWh－0.588元/kWh）=4109.18（元）。

2) 同时应补交二倍差额电费的违约使用电费：4109.18×2=8218.36（元）。

补收违约用电量的差额电费及违约使用电费：4109.18+8218.36=12327.54（元）。

【暴露问题】

(1) 用电业务知识宣传欠广泛，用户对电力使用相关规定不了解，普遍存在图简便、图省事的心理，违约用电时有发生，也不排除有意而为之。

(2) 用电检查常态管理存在疏漏，疏于对居民用户的用电管理。

【措施建议】

(1) 针对违约转供高价低接案例，定期开展用电普查，重点检查电价执行情况，确保电价执行到位。

(2) 加强抄表人员技能素质培训，严格执行抄核收工作规定。

(3) 加强用电业务知识宣传，健全用电检查常态机制。

案例2：请对以下用电检查服务事件案例进行分析。

【事件过程】

6月，某化工企业因违约用电被查处，经用电检查人员计算，需补交违约用电电费36.2万元，用电检查人员对该企业下达了用电检查结果通知书，该化工厂以企业亏损为由，拒缴违约用电电费，用电检查人员准备对该企业采取停电措施，在停电前7天用电检查人员对该企业下达了停电通知书，但用户拒签，于是用电检查人员将停电通知书张贴至厂门口拍照后离开，7天后用电检查人员再次到企业催缴电费未果，对该企业执行了停电措施，停电半小时后该企业以停电引起危险化工气体泄漏为由，将供电公司投诉到县政府。

请问在此过程中，供电企业工作人员有哪些违规之处？

答案要点

【违规条款】

本次事件违反《供电营业规则》第六十七条：除因故中止供电外，供电企业需对用户停止供电时，应按下列程序办理停电手续：

（1）应将停电的用户、原因、时间报本单位负责人批准。

（2）在停电前的3～7天内将停电通知书送达用户，对重要用户的停电，应将停电通知书报送同级电力管理部门。

（3）在停电前30min，将停电时间再通知用户一次，方可在通知规定的时间实施停电。

【暴露问题】

（1）部分用电检查人员的业务素质低、危机意识差，对停电会产生的后果的严重性估计不足。

（2）采取停电措施前的准备工作不全面，没有按照规定将停电通知书报送同级电力管理部门备案。在用户拒签停电通知书时，只是简单地将停电通知书张贴到厂门口拍照，没有采取第三方公证送达的方式进行。

【案例点评】

对中断供电可能造成较大环境污染的电力客户，停电前应充分做好前期准备工作，及时与政府沟通汇报，并将停电通知以书面形式报送同级电力主管部门备案，在用户拒签停电通知时，可采用第三方公证送达方式进行停电通知，避免今后发生不必要的法律纠纷，停电前30min仍需将停电时间告知用户，让用户有足够的准备时间，避免发生停电后用户准备不足，造成其他影响。

三、业扩报装服务案例

案例1：请对以下业扩报装存在的问题进行分析。

【事件过程】

1月30日客户王先生向供电公司申请动力用电。供电公司业扩报装人员组织现场勘查，并确定了供电方案。2月3日，施工完毕并验收合格。办理完相关手续后，装表人员于2月6日领表出库，但由于工作疏忽，2月18日方完成装表接电工作，王先生对此表示不满，2月19日拨打95598进行投诉。

通过以上案例，请分析：

（1）该案例违反了哪些规定？

（2）该案例暴露出业扩报装人员存在哪些问题？

（3）有哪些意见和建议？

答案要点

【违规条款】

（1）《供电监管办法》第十一条第五款：自受电装置检验合格并办结相关手续之日

起，居民用户不超过 3 个工作日，其他低压供电用户不超过 5 个工作日，高压供电用户不超过 7 个工作日。

（2）《国家电网公司业扩报装规范》第四十五条：接电时限应满足以下要求：自受电装置检验合格并办结相关手续之日起，一般居民客户不超过 3 个工作日，低压供电客户不超过 5 个工作日，高压供电客户不超过 7 个工作日。

【暴露问题】

（1）装表人员工作责任心不强，服务意识淡薄，未能按承诺时限完成装表工作。

（2）业扩报装流程各环节时限监控不到位。

【措施建议】

（1）全面建立优质服务保障机制。以满足客户需要为供电服务的出发点，围绕客户需求，供电服务一线工作人员要规范行为，杜绝各类服务不良服务事件。

（2）强化规章制度的落实工作，加大规章制度执行的监督考核，认真执行各项服务规章制度，严格遵守供电服务规范，不断提升供电服务规范化水平。

案例 2：请对以下用户销户事件存在的问题进行分析。

【事件过程】

2015 年 3 月 9 日，客户李先生致电 95598 投诉供电所人员听从村委安排，私自停电。经调查，客户与村委因房屋产权问题存在纠纷，为此，村委在 2015 年初将客户起诉至法院，该案件仍在审理中，目前没有下达判决书。村书记王某对客户李先生相当不满，宴请供电所营业厅组长孙某，要求孙某对李先生实施停电。孙某告之，“我不能随便停电，反正房屋产权是你们村委的，要不你用村委的名义开个销户申请，我直接帮你销户就行了，这样他一样没电用。”3 天后，客户李先生家因销户被拆表停电。

请问在此过程中，供电企业工作人员有哪些违规之处？

答案要点

【违规条款】

（1）客户李先生家中被销户停电违反了《国家电网公司员工服务“十个不准”》第一条：不准违规停电、无故拖延检修抢修和延迟送电。

（2）供电公司工作人员孙某接受客户宴请，违反了《国家电网公司员工服务“十个不准”》第九条：不准接受客户吃请和收受客户礼品、礼金、有价证券等。

（3）供电公司工作人员孙某为王某的停电要求出谋划策违反了《国家电网公司供电服务规范》第六条第三款：当客户的要求与政策、法律、法规及本企业制度相悖时，应向客户耐心解释，争取客户理解，做到有理有节。遇有客户提出不合理要求时，应向客户委婉说明。

【暴露问题】

（1）工作人员孙某未能做到依法服务，有规不依、有章不循，在明知村委手续存在问题的情况下进行了销户。

（2）供电公司工作人员孙某在工作中接受客户吃请，缺乏电力员工应有的职业道德，将业务办理规定和党风廉政要求置于脑后，随意给客户停电，造成不良影响。

【措施建议】

（1）建立健全监督机制，及时查处违规事件，避免此类事件的再次发生。

（2）加强一线人员党风廉政教育，着重宣贯国网公司“三个十条”规定，教育电力员工廉洁自律、秉公办事。

案例3：请对用户申请用电存在的问题进行分析。

【事件过程】

客户张先生拨打95598供电服务热线咨询：3月9日到当地供电所申请安装三相动力电能表并办理完相关手续后，至4月12日仍未收到供电企业的供电方案答复。经查询营销系统，目前流程滞留在“勘查派工”环节。下派工单给供电公司处理，工单回复说工作人员3月12日已到现场勘查，现场已口头告知张先生的母亲，由于该客户所要接入的变压器台区正进行大修改造，暂时无法给予供电，待台区改造后再重新至现场勘查。

该客户4月29日再次致电95598供电服务中心，反映自己申请的负荷无法审批而其邻居较晚申请却已装表接电，要求解释。供电公司回复该配电变压器大修改造于4月25日完毕，目前具备给客户供电的能力。4月30日供电企业现场勘查并书面答复张先生低压供电方案。客户不满意，拨打95598供电服务热线投诉此事。

请问在此过程中，供电企业工作人员有哪些违规之处？并对这一事件暴露出的问题提出改进建议。

答案要点

【违规条款】

（1）本案例中“对于客户申请用电，因台区大修无法给予供电，只口头答复张先生的母亲”，违反了《进一步精简业扩手续、提高办电效率的工作意见》（国家电网营销〔2015〕70号）：对低压客户不具备直接装表条件的，现场勘查时答复供电方案，由勘查人员同步提供设计简图和施工要求，根据与客户约定时间或电网配套工程竣工当日装表接电。

（2）违反了Q/GDW 1403—2014《国家电网公司供电服务质量标准》6.1条：居民客户不超过3个工作日，其他低压电力客户不超过7个工作日，高压单电源客户不超过15个工作日，高压双电源客户不超过30个工作日。

【暴露问题】

（1）居民低压动力客户报装流程严重滞后而引发投诉。客户于3月9日申请，4月30日才答复供电方案，流程严重超期。

（2）对于暂时无法供电的情况，只是口头通知客户，而没有书面答复客户。现场改造具备供电条件后，没有主动联系客户重新制订供电方案。

【措施建议】

（1）加强低压供电方案管理，特别是暂时无法供电情况的处理。对经现场勘查后发现现场不具备供电条件的项目，应按照规定给予客户书面答复，说明暂时无法供电的原因，并做好沟通解释工作。

（2）设置专人对业扩流程的资料完整性、正确性、流程时限情况、各环节操作规范性等情况进行跟踪，并提出考核意见。通过及时跟踪、反馈，不断提高业扩全流程服务的规范性。

四、电能计量服务案例

案例 1：请对以下表计轮换存在的问题进行分析。

【事件过程】

某供电企业工作人员 2 月 5 日因表计到轮换周期，未进行任何通知就对按月抄表的某小区电能表进行批量轮换工作。换表过程中，由于客户张某不在家，便进行了换表工作，口头将张某的电能表底数告知了其邻居王某并请其转达，2 月 25 日张某认为自己表码抄错，到供电所核对表码，供电所一直未找到旧表，于 3 月 15 日将该情况告知客户，客户拨打了 95598 供电服务热线进行投诉。

上述事件违反了哪些规定？并对这一事件暴露出的问题提出改进建议。

答案要点

【违规条款】

（1）换表未张贴通知，客户核对表码供电所未找到旧表违反了以下规定：

1）Q/GDW 1403—2014《国家电网公司供电服务质量标准》6. 27 条：低压客户电能表换装前，应在小区和单元张贴告知书，或在物业公司（村委会）备案。换装电能表前应对装在现场的原电能表进行底度拍照，拆回的电能表应在表库至少存放 1 个抄表或电费结算周期。

2）《供电营业规则》第七十二条：供电企业在新装、换装及现场校验后应对用电装置加封，并请用户在工作凭证上签章。

3）《国家电网公司供电服务规范》第二十一条：供电企业在新装、换装及现场校验后应对电能计量装置加封，并请客户在工作凭证上签章。如居民客户不在家，应以其他方式通知其电能表底数。拆回的电能计量装置应在表库至少存放 1 个月，以便客户提出异议时进行复核。

（2）客户 2 月 25 日核对表码但 3 月 15 日才答复客户违反了 Q/GDW 1403—2014《国家电网公司供电服务质量标准》6. 13 条：抄表数据异常业务 7 个工作日内核实。

【暴露问题】

（1）供电所工作中规范化、标准化程度不高，工作人员服务行为随意性较强。

（2）供电所表库管理工作存在漏洞，拆回的电能表存放周期不符合公司的相关规定。

（3）工作流程缺乏有效的监督环节，未能及时发现和制止工作人员的违规行为。

【措施建议】

（1）派工作人员核查具体情况，向客户赔礼道歉，取得客户谅解。

（2）按照“四不放过”的原则，对相关责任人员进行责任追究。

（3）加强业务培训，提高员工政治敏锐性及服务意识，举一反三，避免类似的事情再次发生。

案例2：请对用户装表存在的问题进行分析。

【事件过程】

某地5位居民客户委托张先生到供电公司申请分户，供电公司装表人员去现场装表时，遭到其中一户反对，原因是在没有征得本人同意的情况下，不允许将表箱安装在此，现场工作人员未向客户解释就离开了现场。委托人张先生拨打95598服务热线进行投诉，接95598工单后，工作人员再次来到现场，发现客户室内刀开关下桩头带电，原因是该5户内部线路共用中性线，存在安全隐患，需客户自行整改后才能送电，未向客户解释清楚就离开了现场。客户对此难以理解，又拨打95598服务热线进行投诉。接95598工单后，工作人员告知客户："室内线路产权属于客户，不属于供电公司维护范围，需客户自行将内部线路分割开，待内线整改到位后，即可接电"。后经客户自行整改，经供电公司检验合格后，完成了此项分户业务。

请问本案中有哪些违规之处，暴露出什么问题？

答案要点

【违规条款】

《国家电网公司供电服务规范》第四条第二款：真心实意为客户着想，尽量满足客户的合理要求。对客户的咨询、投诉等不推诿，不拒绝，不搪塞，及时、耐心、准确地给予解答。

【暴露问题】

（1）勘查人员在现场确定表位时没能与客户及时沟通，造成表位不能被客户接受，现场无法正常施工，延误接电时间。

（2）现场安装人员对于现场出现内线隐患，没有对客户进行技术指导，也没有向现场客户详细说明应由客户自行进行整改。

（3）工作人员对客户的焦灼情绪没有进行有效安抚。

案例3：请对以下电能表核验事件存在的问题进行分析。

【事件过程】

4月4日（周六）客户来电反映，3月6日（周五）进行了验表，至今无工作人员答复验表结果。4月4日（周六）上午10：00到营业厅咨询时，营业厅门口4月1日张贴公告"4月4日至4月6日清明节期间不营业"。客户对此表示非常不满。

供电企业工作人员有哪些违规之处？

答案要点

【违规条款】

（1）《国家电网公司供电服务"十项承诺"》第七条：受理客户计费电能表校验申请后，5个工作日内出具检测结果。

（2）Q/GDW 1581—2014《国家电网公司供电客户服务提供标准》5.1.2.2条：A.B级营业厅实行无周休、无午休。除自助营业厅外，其他各等级营业厅实行法定节假日不营业，但应至少提前5个工作日在营业厅公示法定节假日休息信息，并做好缴费提示，同步向 95598 报备。

【暴露问题】

(1) 工作人员执行相关规定不到位，未在规定时限内向客户反馈校验结果。

(2) 营业厅管理不规范，未按规定时间公示节假日不营业信息。

【措施建议】

加强业务培训，提高工作人员工作规范性，避免类似的事情再次发生。

五、电费服务案例

案例 1：请对以下催交电费事件存在的问题进行分析。

【事件过程】

某商业门店客户拖欠两个月电费共计 2000 元，催费人员给该客户下达了电费催交通知单，两日后，催费人员见该客户仍未交纳电费，便对其实施了停电。客户随即交清电费，要求给其送电。但催费人员以没时间为由拒绝送电。于是该门店负责人拨打 95598 供电服务热线进行投诉。

上述事件违反了哪些规定?

答案要点

【违规条款】

(1) 催费人员未按规定流程实施停电违反以下规定：

1)《国家电网公司员工服务“十个不准”》第一条：不准违规停电、无故拖延检修抢修和延迟送电。

2)《供电营业规则》第六十七条：在停电前 3 ~7 天内，将停电通知书送达用户，对重要用户的停电，应将停电通知书报送同级电力管理部门。在停电前 30min，将停电时间再通知用户一次，方可在通知规定时间实施停电。

(2) 客户交清欠费后工作人员以没时间为由拒绝送电违反了《国家电网公司供电服务规范》第四条第二款：真心实意为客户着想，尽量满足客户的合理要求。对客户的咨询、投诉等不推诿、不拒绝、不搪塞，及时、耐心、准确地给予解答。

【暴露问题】

(1) 工作人员执行规章制度不力，未按规定时限催交电费，也未按规定进行欠费停电。

(2) 工作人员服务意识薄弱。

(3) 工作人员工作不规范，随意性较强。

【措施建议】

(1) 立即恢复供电，真诚向客户致歉。

(2) 按照“四不放过”的原则，对相关责任人员进行责任追究。

(3) 加强业务培训，提高员工政治敏锐性及服务意识，防微杜渐，举一反三，避免类似事情再次发生。

案例2：请对以下造成用户逾期电费事件存在的问题进行分析。

【事件过程】

某年6月15日16：30左右客户前往高新区营业厅交纳电费，告知营业厅人员A昨日供电公司送达《欠费停电通知单》，要其在今日前缴清逾期电费，否则将会被停电。因忘记携带通知单，客户只能提供户名，并表示着急赶去幼儿园接孩子，请营业厅工作人员尽快帮忙缴清电费。

接待客户的营业厅人员A在帮客户查询户号时，所用的计算机出现问题，无法为客户查询户号，于是要求客户杨女士先拨打95598查询户号，再来办理缴费，并且未做其他任何解释。由于要赶去接孩子，客户无法顺利交完电费就离开了营业厅。

16日，客户家中因有逾期电费被执行停电，客户十分生气，认为15日未能成功缴交电费，是营业厅工作人员未给其查询户名造成的。于是，拨打95598服务热线进行了投诉。

请问在此客户缴费过程中，供电企业工作人员有哪些违规之处?

答案要点

【违规条款】

Q/GDW 1403—2014《国家电网公司供电服务质量标准》6.14：客户欠电费需依法采取停电措施的，提前7天送达停电通知，费用结清后24h内恢复供电。

【暴露问题】

（1）工作人员未严格按相关规定开展停复电，工作随意性强。

（2）营业厅工作人员责任心不强，执行首问负责制不到位，存在推诿客户的情况。

【措施建议】

（1）加强业务培训，提高工作人员工作规范性和严谨性，避免类似的事情再次发生。

（2）工作中，严格执行有关规章制度，培养员工高度的责任心和工作中的自觉规范意识，做好客户服务工作。

案例3：请对以下违规收取电费存在的问题进行分析。

【事件过程】

2011年5月之前，供电所职工李某在收取村民照明电费时，执行电价为0.60元/kWh，其中电费电价0.52元/kWh，使用税务票据；另外的0.08元/kWh是代村委会收取的公益事业建设费。村民认为是电工执行电价错误，从中牟取不正当利益，向当地供电公司进行了投诉。

请问在此过程中，供电企业工作人员有哪些违规之处?

答案要点

【违规条款】

（1）《国家电网公司员工服务“十个不准”》第二条：不准违反政府部门批准的收费项目和标准向客户收费。

（2）《国家电网公司供电服务规范》第五条第四款：严格执行国家规定的电费电价政策及业务收费标准，严禁利用各种方式和手段变相扩大收费范围或提高收费标准。

（3）《中华人民共和国电力法》第 44 条：禁止供电企业在收取电费时，代收其他费用。

【暴露问题】

（1）电价、收费标准宣传和执行不到位，供电公司工作人员在收取电费时，帮村委会搭车收费，造成村民的误解，给国家电网公司服务形象造成负面影响。

（2）基层供电所管理存在疏漏，对职工服务行为的监督不力，未能及时发现职工在日常工作中的错误。

【措施建议】

（1）立即纠正搭车收费的错误行为，按照《国家电网公司供电服务奖惩办法》对该工作人员作出相应处理，同时全面整改，举一反三，杜绝此类事件再次发生。

（2）严格执行国家制定的电价政策和标准，积极宣传电价政策，强化外部监督。

第四节　其他营销业务服务案例

案例 1：请对以下电力设备事件案例进行分析。

【事件过程】

5 月 11 日 11 时，客户关先生来到某供电企业营业厅投诉，其昨晚开车行驶在 × × 路上坡处，被地面突起的电缆井盖刮到汽车底盘，汽车底盘严重受损气囊弹出，关先生要求供电公司对车辆的损失给予赔偿。营业厅客服代表按规范受理了关先生的投诉，及时派转相关部门处理。当日 16 时左右，责任部门回复客服代表，现场井盖确属该部门维护，但现场情况是因市政的地面下陷导致电缆井盖沿超出下陷的地面，才使汽车被刮到的，责任不在供电公司，应属市政的责任。随后客服代表向该负责人建议，即便责任不在供电公司，也应该马上通知市政公司做紧急处理，防止再发生车辆被刮的事件，该负责人接受了客服代表的建议。客户代表向班长汇报了此事，随之向客户说明现场的情况，同时留给客户营业厅的联系电话，提醒客户若有事可再联系，客户表示接受。

5 月 16 日 10 时，营业厅接到该市电视台记者要求采访的电话，记者反映：车辆损坏的车主说供电企业人员否认现场的井盖是供电公司的，为了将责任划定清楚，记者要求供电企业派相关人员一起到现场确认井盖的产权归属。

随后，营业厅的班长再次联系到该部门的负责人，向其说明了记者的意图，并询问是否已经通知市政前去道路维修了，该负责人说还没有。此时营业厅班长预感到该事件有可能被媒体曝光，遂告知该负责人尽快与记者沟通，以防止新闻报道时出现偏差，将事件责任引向供电企业。

当日 15 时，该部门负责人回复，已经与市政沟通，近几日会进行道路维修，但没有与记者联系，并要求营业厅向记者进行答复。为了防止事态的扩大，营业厅班长便与记者进行联系，但是该记者手机始终关机，在无奈的情况下，营业厅班长将该事件的前后始末，向该公司的新闻中心进行了上报。当日 18 时，当地电视台的新闻直通车便将该事件进行了报道，且舆论导向直指供电企业。在新闻报道的次日，事发地段又再次发生了车辆被刮事件。

请问本案中违反了哪些规定，暴露了哪些问题？

答案要点

【违反条款】

（1）该公司部门负责人未主动通知市政前往维修，违反了《国家电网公司供电服务规范》第四条第二款：真心实意为客户着想，尽量满足客户的合理要求。对客户的咨询、投诉等不推诿，不拒绝，不搪塞，及时、耐心、准确地给予解答。

（2）该公司部门负责人随口答应营业厅客服代表，表示会通知市政，但实际上却并没有这么做，违反了《国家电网公司供电服务规范》第三十一条：对客户投诉，无论责任归于何方，都应积极、热情、认真进行处理，不得在处理过程中发生内部推诿、搪塞或敷衍了事的情况，以及《国家电网公司服务事件处置应急预案》风险监测的相关规定，风险监测的方法和信息收集渠道——95598、营业厅等服务渠道发现的异常情况。

（3）此事件并未对客户进行回访，导致事件升级，违反了《国家电网公司供电服务规范》第三十二条：建立对投诉举报客户的回访制度。及时跟踪投诉举报处理进展情况，进行督办，并适时予以通报。

（4）此事件发生后，该公司并未主动积极与客户联系了解事件情况，违反了《国家电网公司供电服务突发事件应急处理预案》第十一条：供电服务突发事件发生后，营销、农电等部门应组织客户服务人员主动与客户沟通，听取客户意见，商议事故解决方案，做好解释工作，取得客户谅解，维护公司服务形象。

【暴露问题】

（1）维护责任部门对营业厅的回复不及时，工作态度显怠慢，既没有及时与市政部门联系，也没有在紧急情况下与记者及时联系，直接导致曝光事件的发生。

（2）应急处置不及时。现场没有及时处理，在事件处理过程中，供电公司责任部门与营业厅工作人员有推诿现象，延误事件处理的最佳时机。

（3）对电力服务事件没有执行应急处置，在事件曝光后没有足够重视和应急处置，次日再次发生同类事件，有损供电企业形象。

【措施建议】

（1）建立服务快速评价机制，明确服务处理流程，确定服务职责。

（2）提升为民服务的意识和责任意识，积极地处理与供电服务有关的服务事件。

（3）建立供电服务突发事件应急处置体系，完善服务应急预案，畅通信息沟通渠道，有效处理客户投诉和负面事件，防止事态扩大，提高对服务突发事件的应急处置能力。

【案例点评】

近几年来，因井盖频频被盗，引发了不少安全事故，因此“井盖”成了媒体和大众关注的新“关键词”。本案中，责任部门的负责人缺乏政治敏锐性和新闻触觉，虽然客户代表和营业班长一再提醒，他始终没有采取有效措施避免媒体介入，甚至在已知媒体介入的情况仍未能积极做好沟通工作，避免事件报道失实，最终使供电企业的形象蒙受了不该有的损失。

案例2：请对以下停电事件存在的问题进行分析。

【事件过程】

一煤矿主供电源为供电公司10kV农村公用线路，备供电源为800kW自备发电机一台。该煤矿是经当地煤炭管理部门确认的复工煤矿，用电只限生活及煤矿保安，不能进行生产。

4月17日17：00，供电公司负荷缺口到达正常负荷的33.7%，在错避峰措施全部到位情况下，仍有较大供电负荷缺额。为确保电网安全稳定运行，供电公司调度员进行紧急拉路，在当年序位全部拉路限电之后，负荷仍存在明显缺口，不得不根据上年度限电序位对一般线路继续拉路限电。17：19，对煤矿主供电源实施拉路限电。当日，该煤矿违反政府管理部门的要求，擅自开工生产。在供电线路被限电后约12min，自行启动自备发电机，约5min后，该煤矿在进行放炮作业时，引起瓦斯爆炸事故。

请分析该事件暴露的问题及违规条款并提出改进措施。

答案要点

【违规条款】

（1）《电力供应与使用条例》第二十八条第三款：因发电、供电系统发生故障需要停电、限电时，供电企业应当按照事先确定的限电序位进行停电或者限电。

（2）《供电营业规则》第六十八条第三款：发供电系统发生故障需要停电、限电或者计划限、停电时，供电企业应按确定的限电序位进行停电或限电。但限电序位应事前公告用户。

【暴露问题】

（1）执行限电序位不严肃。事件涉及的农村公用线路虽然是一般性线路可以拉路，但应在办理相关手续后补充在最新的序位表中。

（2）限电序位的通知没有告知用户。含有该线路的限电序位是在该文件出台后不久用电视通告的方式通知用户的，之后没有再进行通告，以致造成用户对序位执行的错觉。

（3）需求侧管理工作上存在较大差距。主要存在工作不实、不细，精细化程度不高。对错避峰工作尽管有比较详细的方案，但由于地方保护、政府干预等种种原因，并没有完全落实到位，存在用拉限电来控制负荷的粗放做法。

【措施建议】

（1）加强限电序位的管理。完善各级调度机构限电序位制定、修改、告知、执行的规范性。

（2）依法履行对重要用户停限电通知业务。

（3）增强应对危机意识，完善危机应急机制，提高危机处理能力。

（4）积极配合政府开展好对煤矿客户的用电安全服务。

（5）煤矿等高危客户的供电方式应执行较高的安全标准，对供电可靠性低、用电设施落后的煤矿企业，在政府的安排下，应坚决停止供电。

案例 3：请对以下用电赔偿存在的问题进行分析。

【事件过程】

2015 年 6 月 17 日上午，王先生来到某营业厅投诉其住宅小区电压过高导致家用空调损坏。

工作人员：您好，您请坐，请问有什么可以帮您?

客户：你们供电公司这电没法儿用了，电压高得离谱，我自己量了一下，有 250 多伏。

工作人员：请您提供一下您的用电地址好吗?

客户：我住在光明村，这光明村可真了不得，其他村都说电压低，灯泡不亮，可我们村这灯泡太亮了，动不动就烧了，这到底是怎么回事?

工作人员：请您别着急，不同电压等级的供电电压有允许偏差值。在电力系统正常的状况下，220V 供电的，电压允许偏差值为额定值的 ±7%，也就是最高不超过 235V。如果电压太高，为保证您家用电器安全，建议您暂时停止用电。

客户：建议？你建议得太晚了，早干什么去了，我家的空调已经烧坏了，这么热的天你说怎么办吧?

工作人员：您先别急，请您留下联系信息，我马上安排工作人员到现场查看。

客户：我叫王力，电话是 1234567910。

工作人员：好的，我已经记好了，请您保持家用电器损坏原状，我会安排人员进行处理的。

客户：那什么情况下赔偿，什么情况不赔?

工作人员：在供电企业负责运行维护的线路上发生电力运行事故的，由供电公司负责赔偿。

客户：那肯定是你们的线路，大概能赔多少钱?

工作人员：对损坏的家用电器的修复，供电企业承担被损坏元件的修复责任，所以我们只承担修理费，具体费用需根据电器维修情况确定。

客户：那要是修不了呢?

工作人员：如果修不好，其购买时间在 3 个月及以内的，按原购货发票，全额赔偿。购置时间在 6 个月以上的，按原购货发票和损坏电器规定使用寿命折旧后的余额予以赔偿。空调的使用寿命是 10 年，按 10 年折旧后的余额进行赔偿。

客户：那行，这么热的天，空调又坏了，你们得抓紧啊，我先回家等着去。

工作人员：好的，再见。

请问在此过程中，供电企业工作人员有哪些违规之处？并对这一事件暴露出的问题提出改进建议。

答案要点

【违规条款】

（1）220V 电压偏差值表述错误，违反了《供电营业规则》第五十四条：在电力系统正常状况下，供电企业供到用户受电端的供电电压允许偏差为：220V 单相供电的，为额

定值的 +7%、-10%。

（2）赔偿业务回复不全面，违反了《居民用户家用电器损坏处理办法》第六条：供电企业如能提供证明，居民用户家用电器的损坏是不可抗力、第三人责任、受害者自身过错或产品质量事故等原因引起，并经县级以上电力管理部门核实无误，供电企业不承担赔偿责任，以及第七条：从家用电器损坏之日起7日内，受害居民用户未向供电企业投诉并提出索赔要求的，即视为受害者已自动放弃索赔权、超过7日的，供电企业不再负责其赔偿。

（3）家用电器维修承担费用回答不全面，违反了《居民用户家用电器损坏处理办法》第九条：修复所发生的元件购置费、检测费、修理费均由供电企业负担。

（4）对不可修复的家用电器，赔偿的时间表述错误，违反了《居民用户家用电器损坏处理办法》第十条：对不可修复的家用电器，其购买时间在6个月及以内的，按原购货发票价，供电企业全额予以赔偿，购置时间在6个月以上的，按原购货发票和损坏电器规定使用寿命折旧后的余额予以赔偿。

（5）空调使用寿命时间错误，违反了《居民用户家用电器损坏处理办法》第十二条：空调的使用寿命是12年，应当按折旧后的余额进行赔偿。

【暴露问题】

工作人员业务水平较差，对家电烧损的处理业务不熟悉。

【措施建议】

加强工作人员对《居民用户家用电器损坏处理办法》《供电营业规则》等业务知识的学习。

案例4：请对以下停送电事件存在的问题进行分析。

【事件过程】

2015年6月22日，客户李先生致电95598投诉供电公司未按规定时间停电：李先生表示收到计划检修停电的时间是6月22日9：00~11：00，但是8：20突然停电。当时客户的生产线正在工作，突然停电给其造成较大损失。客户拨打当地营业厅电话咨询，营业厅工作人员表示对停电问题并不知情，让其拨打95598咨询。李先生强烈不满，并要求赔偿。

请问在此过程中，供电企业工作人员有哪些违规之处？并对这一事件暴露出的问题提出改进建议。

答案要点

【违规条款】

（1）未在规定时间停电，违反了《国家电网公司员工服务“十个不准”》第一条：不准违规停电，无故拖延检修抢修和延迟送电。

（2）营业厅工作人员对客户咨询问题未按规定回复，违反了Q/GDW 1403—2014《国家电网公司供电服务质量标准》6.10条：受理客户咨询时，对不能当即答复的，应说明原因，并在5个工作日内答复客户。

【暴露问题】

（1）营业厅人员主动服务意识不强，未执行首问负责制，存在推诿、搪塞客户情况。

（2）停送电流程不规范，监督机制执行不到位，计划停电刚性管理不足。未按计划停电，给客户造成损失。

【措施建议】

（1）派工作人员核查具体情况，向客户赔礼道歉，取得客户谅解，并按规定进行赔偿。

（2）加强工作人员的服务意识，对于客户提出的问题，工作人能够当场答复的应立即答复，无法答复的应留下客户联系方式，待明确后及时回复。

（3）规范停送电流程，建立健全有效的监督机制，严格按照规定停送电。

案例5：请对以下停送电事件案例进行分析。

【事件过程】

某市在5月28日至29日有重要会议活动，该市供电公司负责会议期间的保供电服务工作。××大学会议室为此次活动临时新增的一个分会场，负责举办一个交流活动，会议时间计划为5月28日15：00～17：00。5月28日16：05××大学客户致电95598："你们供电公司负责保供电人员在哪里，刚才来这里巡视了下就走了，现在这里突然停电了，会场里乱成一团了，你说怎么办？"

95598客服代表安抚道："您别着急，我们马上派人去查看。"在详细询问故障情况后客服马上通过远程站联系调度部门，调度部门反馈该处本应安排有值班人员，联系值班人员后发现，因为此次活动需要保供电点比较多，此处分会场和另一处主要会场临近，两个保供电点为同一组人员负责，而值班人员此刻在另一处地点驻守，现正往××大学保供电点赶去，同时也已派出应急抢修人员前往现场查看。

16：36抢修人员反馈他们与保供电值班人员都已在现场，经查是用户内部线路故障引起停电，同时该处没有配备UPS自动不间断电源，虽有自备电源但由于该客户值班电工技能不足，没有能迅速处理故障恢复电源，现在经过他们的及时处理已经暂时恢复用电了。

17：06该客户怒气冲冲地再次致电95598："我要投诉你们！"95598客服代表想当然地反问道："那停电故障我们的人员不是已经解决了吗？"

该客户接着抱怨道："你们不要以为恢复用电就没事了，而且你们来的工作人员还说此次停电都是我们内部线路造成，但是我看这次停电责任完全在于你们，为什么之前你们来人巡查时候没有发现提出问题呢？为什么负责保证供电的值班人员没有在现场？是不是你们没有收钱就不能提供良好的服务呀？我告诉你这个事没完，给我们造成的恶劣影响我们将向市里有关部门反应。"随后挂断了电话。

请分析该供电公司在服务方面有什么违规之处？

答案要点

【违规条款】

违反了《国家电网供电服务规范》第三十一条：对客户投诉，无论责任归于何方，都应积极、热情、认真进行处理，不得在处理过程中发生内部推诿、搪塞或敷衍了事的情况。

【暴露问题】

（1）保供电服务保障机制不健全。没有相应细化的保供电执行标准，没有认真做好保供电服务工作，未严格重视客户需求，未充分考虑到保供电期间短时停电可能产生的社会影响，导致提供给该客户的保供电方案不合理，没有指派专人值班坚守，任务安排存在不足。

（2）抢修人员服务意识不强。当客户的要求与政策、法律、法规及本企业制度相悖时，只是简单告知，没有应向客户耐心解释，争取客户理解，做到有理有节。

（3）95598 服务人员的服务技巧、应对疑难案例的处理能力有待提高。对客户投诉，没有积极处理应对，而是想当然地随意回复。

【措施建议】

（1）修订、细化保供电相关标准规定，并根据相应标准结合实际情况修订各种应急预案。加强保供电过程管理工作，建立有效的评价奖惩机制，确保各类重大政治、经济、文化活动及法定节假日的安全可靠用电，提升优质服务水平。

（2）提高现场检修服务人员服务意识。现场抢修人员应从换位思考出发，主动告知以免客户误解，同时应避免由于与客户解释中言语使用不当而引发客户投诉。

（3）95598 服务人员应加强服务技能、沟通技巧的培训。从客户的角度出发来处理问题，避免与客户发生正面冲突，避免事态扩大，造成社会不良影响。若感觉客户有向上投诉的意图，应及时向主管汇报，做好事后应急措施。

【案例点评】

保供电工作是近几年来供电企业为更好地履行社会责任推出的一项优质服务举措，但在本案中，却发生了“优质服务反被投诉”的现象。表面上看，是客户不够通情达理，对供电企业过分苛责。但是，如果我们认真、冷静想一想，其实这个投诉事件是本可以避免的，如果我们的预案制定得更细致一点，如果我们的检查人员安全检查再认真一点，如果我们的故障处理人员的沟通技巧能强一点等。我们应该将本案作为一个典型案例进行认真分析，才能将今后的保供电工作做得真正“万无一失”。

案例 6：请对以下用户反映高压线路电磁辐射进行分析。

【事件过程】

2011 年 8 月 9 日，某市晚报在报纸上报道了输电线路会产生电磁辐射。之后，林先生拨打 95598 反映：他居住的小区正前方不足 20m 处有一条高压线路，林先生认为依据相关资料，高压线路将会产生电磁辐射危害他和家人的身体健康，要求供电公司将该线路移走。在电话中 95598 客服代表答复林先生说：“高压线离房子 20m 满足安全要求，不需要移走，另外，高压线路没有电磁辐射，报纸报道不实。”

听到 95598 客服代表的答复，林先生很不满意，于是林先生在电话中情绪激动地跟 95598 客服代表说：“你说的没有依据，报纸都已经报道了输电线路会产生电磁辐射，你们供电公司为什么要否认？另外，我实际测量过你们的高压线，离我家的距离只有 18m，我找过资料，资料说距离应该在 20m 以上，你们必须把线路迁走。”随后，95598 客服代表与林先生在安全距离和电磁辐射的问题上产生对峙，且互不相让。最后客户恼羞成怒地挂断了电话，随后将此次服务事件投诉到了该市的市民投诉中心。

请问本案中有哪些违规之处，暴露出什么问题？

答案要点

【违反条款】

（1）95598 客服代表与客户在安全距离和电磁辐射的问题上产生对峙，且互不相让，最后客户恼羞成怒地挂断了电话。违反了《国家电网公司供电服务规范》第十四条第八款：客户来电话发泄怒气时，应仔细倾听并做记录，对客户讲话应有所反应，并表示体谅对方的情绪。如感到难以处理时，应适时地将电话转给值长、主管等，避免与客户发生正面冲突。

（2）95598 客服代表未向客户了解线路电压等级就答复客户高压线离房子 20m 满足安全要求，不需要移走。违反了《国家电网公司供电服务规范》第四条第五款：熟知本岗位的业务知识和相关技能，岗位操作规范、熟练，具有合格的专业技术水平。

（3）线路在最大计算风偏情况下，边导线与城市多层建筑或规划建筑线间的最小水平距离应满足下列要求：

线路电压	3kV 以下	3～10kV	35kV	66～110kV	154～220kV	330kV	500kV
距离（m）	1.0	1.5	3.0	4.0	5.0	6.0	8.5

（4）根据《电力设施保护条例》架空电力线路保护区的规定，导线边线向外侧延伸所形成的两平行线内的区域，在一般地区各级电压导线的边线延伸距离如下：35～110kV 为 10m；154～330kV 为 15m；500kV 为 20m。

【暴露问题】

（1）业务水平不足。95598 客服代表没有正确引导客户进行导线电压等级的判断，导线安全距离问题的判断等；未严格按照供电服务规范的要求为客户提供服务。

（2）技术支撑不足。对于电力设备是否会产生电磁辐射没有进行权威而通俗易懂的解释，造成 95598 客服代表无法正确答复客户。

【措施建议】

（1）加强服务技能的培训。加大对专业性强的问题培训，在必要时组织 95598 客服代表到现场熟悉此类问题，加深理解，以便更好地做好客户服务工作。

（2）加强人员服务行为培训及考核。对 95598 服务人员执行供电服务规范进行抽查、考核，针对存在的问题进行重点培训。

（3）提供专业问题答复模板。对于专业性很强的问题，提请专业部门编写电磁辐射权威而通俗易懂的解释，为 95598 服务人员提供技术支撑。

【案例点评】

客户服务工作不仅需要真诚热情的服务态度，还要善于倾听，了解清楚客户语言背后的内在情绪，并将客户急于想获得的信息反馈给客户。作为客户服务工作者，可能一时无法控制客户的行为，但应能控制自己的反应，并不断加强业务技能与技巧去处理比较偏激的客户的咨询。